누구나 쉽게 AI 작사 & 작곡
with 생성형 인공지능, 챗GPT, 수노, 유디오

Copyright © 2025 by 현병욱, 신수진 All rights reserved.

초판 1쇄 발행 2025년 9월 30일
3쇄 발행 2026년 1월 1일

지은이 현병욱(오땡큐), 신수진
펴낸이 송찬수
펴낸곳 시프트

출판등록 2024년 1월 26일 제2024-000016호
주소 경기도 파주시 청암로 82
팩스 050-4047-5587

기획·편집 송찬수 / **내지 디자인** 다람쥐생활 / **표지 디자인** 롤스토리디자인연구소

문의 ask@shiftbook.co.kr
SNS instagram.com/shift.book

ISBN 979-11-992712-2-7 13000
책값은 뒤표지에 있습니다.

- 이 책은 저작권법에 따라 보호를 받는 저작물이므로 무단 전재와 무단 복제를 금합니다.
- 이 책의 내용 전부 또는 일부를 이용하려면 반드시 저작권자와 시프트의 동의를 받아야 합니다.
- 잘못된 책은 구입처에서 교환해 드립니다.
- 시프트에서는 여러분의 소중한 원고, 새로운 기획을 기다리고 있습니다. https://bityl.co/idea 에서 설문을 작성하거나 아이디어 또는 주제를 이메일 offer@shiftbook.co.kr 로 보내 주세요.

누구나 쉽게 AI 작사 & 작곡

with 생성형 인공지능, 챗GPT, 수노, 유디오

시프트

※ **일러두기**

- 이 책의 내용을 기반으로 한 운용 결과에 대해 지은이 및 출판사에서는 일체의 책임을 지지 않으므로 양해 바랍니다.
- 이 책의 집필 시점과 학습 시점에 따른 프로그램 버전 차이, 사용하는 디바이스나 운영체제의 차이에 따라 일부 기능은 지원하지 않거나 책의 내용과 다를 수 있습니다.
- 생성형 인공지능의 특성상 같은 프롬프트를 입력하더라도 결과가 다를 수 있습니다.
- 용어 표기는 실제 프로그램에 사용된 단어를 우선으로 하였습니다.
- 시프트 출판사의 출간 도서 및 예제 파일은 https://bityl.co/shiftbook 에서 확인할 수 있습니다.
- 책 내용과 관련된 문의는 지은이(othankq@naver.com) 혹은 출판사(ask@shiftbook.co.kr)로 연락해 주시기를 바랍니다.

차례

머리말 • 010

CHAPTER 01 | AI 작곡과 저작권 • 011

LESSON 01 저작권의 종류와 개념 012
- 평생 귀속되는 저작인격권 012
- 양도, 대여, 상속이 가능한 저작재산권 013
- 저작물의 전달을 돕는 권리, 저작인접권 014

LESSON 02 AI 음악, 저작권 등록이 가능할까? 016
- 프롬프트 입력, 창작 행위로 볼 수 없어 016
- AI 산출물의 저작권 등록 사례 016
- AI 음악 저작권 등록 시 주의할 점 019

LESSON 03 AI 음악, 상업적으로 사용할 수 있을까? 021
- Copyright와 Ownership 021
- Suno 구독 플랜 및 Ownership 약관 022
- Udio 구독 플랜 및 Ownership 약관 024

CHAPTER 02 | AI 작곡을 위한 음악의 기초 송 폼 알고 가기 • 027

LESSON 01 음악의 기술전결, 송 폼 028

LESSON 02 음악 장르별 다양한 송 폼 032
- 대중음악의 기본 송 폼 032
- EDM의 송 폼 033
- 미디엄 템포의 송 폼 034
- 발라드의 송 폼 035

CHAPTER 03 | AI로 가사 아이디어 얻기 • 037

LESSON 01 ChatGPT로 가사 스케치하기 038
　　ChatGPT로 주제 아이디어 얻기 038
　　ChatGPT로 가사 생성하기 042

LESSON 02 스케치한 가사 완성하기 046

CHAPTER 04 | 사람을 능가한 AI 작곡, Suno • 051

LESSON 01 Suno의 화면 구성 살펴보기 052
　　다른 사용자의 음악을 감상하는 Home 화면 053
　　음악을 생성하는 Create 화면 054
　　음악과 팔로워를 관리하는 Library 화면 057
　　스타일 프롬프트를 모아 보는 Explore 화면 059

LESSON 02 Suno로 빠르게 완성하는 나만의 음악 060
　　심플 모드로 음악 생성하기 060
　　커스텀 모드로 음악 생성하기 063
　　내가 가진 오디오로 음악 생성하기 069

LESSON 03 생성한 음악 수정하기 075
　　음악의 길이 연장하기 075
　　가사 수정하기 080
　　음악의 구조 변경하기 유료 089

CHAPTER 05 | Text to Music 최강자, Udio • 097

LESSON 01 Udio의 화면 구성 살펴보기 098
　　Udio 회원으로 가입하기 098
　　사용자들의 음악을 찾아 감상하는 Home 탭 100

음악을 생성하는 Create 화면	101
생성한 음악을 관리하는 Library 화면	105

LESSON 02 Udio에서 나만의 음악 생성하기   107

LESSON 03 생성한 음악 수정하기   113
기본 2분 10초에서 길이 연장하기	113
횡설수설 어색한 가사 수정하기 유료	120
필요 없는 구간 잘라내기	131
모든 편집 기능을 하나로, Session 유료	133

CHAPTER 06 | CM송 & 대중음악 생성을 위한 프롬프트 실습 • 143

LESSON 01 효과적인 프롬프트 작성   144
프롬프트에 포함할 다양한 구성 요소	144
프롬프트 작성을 위한 기본 요령 파악하기	145

LESSON 02 중독성 있는 CM송 만들기   148
CM송 가사 작성 요령	148
CM송 프롬프트 작성 요령	151

LESSON 03 에스파 스타일의 K-pop 만들기   155
에스파 스타일 음악의 프롬프트 작성하기	157

LESSON 04 뉴진스 스타일의 K-pop 음악 만들기   161
뉴진스 스타일 음악의 특징	161
뉴진스 스타일 음악의 프롬프트 작성하기	163

LESSON 05 박재정 스타일의 발라드 음악 만들기   166
발라드 음악의 특징	166
발라드 가사 작성 요령	167
발라드 음악의 프롬프트 작성하기	171

LESSON 06 장범준 스타일의 포크/컨트리 음악 만들기   175
포크/컨트리 음악의 프롬프트 작성하기	176

CHAPTER 07 | 영화 음악 생성을 위한 프롬프트 실습 • 181

LESSON 01 반지의 제왕 스타일의
판타지/SF 영화 음악 만들기 182
- 영화 음악의 특징 182
- 판타지/SF 영화 음악 프롬프트 작성 요령 185
- 판타지/SF 영화 음악 생성 프롬프트 예시 190

LESSON 02 지브리 스타일의
로맨스/드라마 영화 음악 만들기 193
- 지브리 스튜디오 음악의 특징 193
- 로맨스/드라마 영화 음악 태그 목록 195
- 로맨스/드라마 음악 생성 프롬프트 예시 198

LESSON 03 007 스타일의
액션/스파이 영화 음악 만들기 201
- 액션 영화 음악의 특징 201
- 액션 영화 음악 태그 목록 202
- 액션/스파이 영화 음악 생성 프롬프트 예시 206

LESSON 04 사이코 스타일의
공포/스릴러 영화 음악 만들기 209
- 공포 영화 음악의 특징 209
- 공포 영화 음악 태그 목록 211
- 공포/스릴러 영화 음악 생성 프롬프트 예시 214

머리말

안녕하세요, 오땡큐입니다.

저는 오랜 시간 작곡가이자 유튜브 크리에이터로 활동하며 콘텐츠를 만들 때마다 늘 한 가지를 고민했습니다.

'어떻게 하면 최대한 쉽고 재미있게 전달할 수 있을까?'

그래서 AI 작곡 강의나 집필 제안을 받았을 때, 솔직히 머리가 복잡했습니다. '클릭 몇 번이면 뚝딱 나오는 데, 뭘 더 알려줄 수 있을까?', '이 강의나 책을 과연 돈 주고 구매할 가치가 있을까?' 이런 의문들이 계속 맴돌았죠.

하지만 직접 AI를 사용해 보니, 서서히 그림이 보이기 시작했습니다. 'AI도 작곡 기초가 있어야 제대로 쓸 수 있겠구나', '왜 갑자기 생성된 음악이 엉망진창이지?', '한국어로 된 정보가 너무 부족해!' 그때부터 목표는 분명해졌습니다.

10살짜리 조카도 그럴듯한 음악을 만들 수 있도록 하는 것.

그래서 이 책에는 꼭 필요한 최소한의 음악 이론, 실습 기반의 튜토리얼, 수십 번의 테스트를 거친 검증된 프롬프트 조합 등 가장 실용적인 내용만을 담고자 했습니다.

AI 작곡은 마치 축구공 같습니다. 축구공만 있으면 어디서든 공놀이를 시작할 수 있듯, AI만으로 누구나 손쉽게 음악을 만들고 즐길 수 있게 된 것이죠. 피아노도, 화성학도, DAW도 필요 없이 그저 놀이하듯 원하는 음악을 생성할 수 있습니다. 만약 옆에서 도와주는 사람이 있다면 한두 번은 그럴듯한 슛도 시

머리말

도해 볼 수 있을 겁니다. 저는 이 책이 바로 그렇게 도움을 주는 존재가 되길 바랍니다. 그렇게 점점 공놀이에 재미를 붙이면 자연스럽게 축구에 관심을 가지고, 경기 규칙을 배우게 되는 것처럼, AI로 시작해서 음악에 관심이 커진다면 언젠가는 피아노도 치고, 화성학도 배우고, DAW도 다루고 싶은 날이 오지 않을까요?

여러분의 첫 작곡 경험이 즐겁고 의미 있는 출발점이 되길, 그리고 그 과정에서 자신의 새로운 가능성을 발견하길 진심으로 응원합니다.

오땡큐 드림

CHAPTER

01

AI 작곡과 저작권

예술 분야와 떼려야 뗄 수 없는 관계, 저작권 이야기부터 시작해 보겠습니다.
저작권의 기본 개념부터 AI 음악의 저작권 인정 여부, 소유권 및 상업적 사용 가능 여부까지,
현시점의 가이드라인을 기준으로 이야기합니다.
다소 지루하고 딱딱한 이야기가 될 수 있으나 한 번쯤은 읽고 넘어가는 것을 권장합니다.

Lesson 01 저작권의 종류와 개념
Lesson 02 AI 음악, 저작권 등록이 가능할까?
Lesson 03 AI 음악, 상업적으로 사용할 수 있을까?

LESSON 01
저작권의 종류와 개념

저작권은 저작자, 즉 창작자가 내 창작물에 직접적으로 행사할 수 있는 권리와 이익을 말합니다. 크게 저작인격권과 저작재산권으로 구성되어 있죠.

🎵 평생 귀속되는 저작인격권

저작인격권은 창작자가 자신의 작품에 대한 명예와 신뢰를 보호받는 권리이며, 일신 전속권에 해당합니다. 즉, 저작자에게 평생 귀속되어 어떠한 방식으로도 양도하거나 상속할 수 없습니다. 만약 공동 저작물이라면 저작인격권을 행사할 수 있는 대표자 1인을 지정하거나 저작자 전원이 합의하는 경우에만 저작인격권을 행사할 수 있습니다.

이러한 저작인격권에는 공표권, 성명표시권, 동일성유지권이 포함됩니다. 예를 들어 미공개 음원을 저작자 허락 없이 SNS에 업로드하거나 특정 음원을 저작자의 허락 없이 인용, 변형하는 경우 모두 저작인격권 침해에 해당합니다.

공표권	저작물을 공표하거나 공표하지 않을 권리
성명표시권	저작물의 원본이나 복제물에 실명 또는 이명을 표시할 권리
동일성유지권	저작물의 내용, 형식, 제목의 동일성을 유지할 권리

🎵 양도, 대여, 상속이 가능한 저작재산권

저작재산권은 저작물에 대한 재산적 권리, 즉 돈과 관련된 권리입니다. 재산처럼 양도, 대여, 상속할 수 있으므로 창작한 '저작자'가 아니더라도 양도, 대여, 상속의 방법으로 저작재산권을 취득하면 해당 저작물의 '저작권자'가 될 수 있습니다.

대표적인 예로 광고 음악 제작을 의뢰할 때는 반드시 저작재산권 양도를 포함하거나 독점적, 배타적 권리가 포함된 라이선스 대여 계약을 함께 체결해야 합니다. 일반적으로 광고 음악은 영상 광고로 제작되는 경우가 많고(2차 저작물 작성권) 이는 TV, 라디오, 영화관, 유튜브 등 여러 매체에 송신되며(공중송신권), 마케팅을 목적으로 음원을 배포하는 경우도 발생합니다(배포권). 이렇듯 광고 음악은 여러 매체와 방식으로 활용하기 때문에 회사의 저작재산권 취득이 필수이며, 이 경우 광고 음악을 만든 사람은 '저작자', 저작재산권을 양도받은 회사는 '저작권자'가 됩니다.

다른 예로는 저작자가 사망한 후 저작재산권이 상속되어 상속인이 '저작권자'가 되는 경우입니다. ==저작자가 사망하면 저작인격권은 소멸되지만, 저작재산권은 상속의 방법으로 사후 70년까지 보장됩니다.== 따라서 저작자가 사망했다고 저작물을 마음대로 사용해서는 안 되며, 사용 전 저작재산권 소멸 여부를 반드시 확인해야 합니다. 하지만 이와 별개로 교육, 연구 목적이나 시사 보도, 비영리, 사적 용도로는 저작권자 동의가 없어도 저작물을 사용할 수 있습니다.

저작재산권에는 복제권, 공연권, 공중송신권, 전시권, 배포권, 대여권, 2차 저작물 작성권이 포함됩니다.

복제권	저작물을 복제할 권리
공연권	저작물을 상연, 연주, 가창, 낭독, 상영 등 공연할 권리
공중송신권	저작물을 유무선 통신 방식에 의하여 공중에게 송신할 권리 (예. TV, 라디오, 팟캐스트, 공연장 등)
전시권	미술저작물 등의 원본이나 복제물을 전시할 권리
배포권	저작물의 원본이나 복제물을 대여 또는 판매할 권리
대여권	상업용 음반 및 프로그램을 영리 목적으로 대여할 권리
2차 저작물 작성권	원저작물로 하는 2차 저작물을 작성하여 이용할 권리

저작물의 전달을 돕는 권리, 저작인접권

내가 만든 음악이 대중에게 전달되기까지는 생각보다 많은 사람의 손을 거치게 되는데요, 일단 노래할 가수가 필요하죠. 음악의 장르에 따라 악기 연주자들이 필요할 수도 있습니다. 음반 제작에 투자한 투자자들이 있을 수 있으며, 보통은 엔터테인먼트 회사들이 해당합니다.

이렇게 저작자는 아니지만 저작물이 대중에게 전달되는 과정에 이바지하는 사람들에게 부여되는 권리를 저작인접권이라고 합니다. 저작인접권자에는 실연자(실제 연기 및 연주자), 음반 제작자, 방송 사업자가 포함되며 인격권, 재산권, 보상청구권이 포함됩니다.

실연자	인격권	성명표시권, 동일성유지권
	재산권	복제권, 배포권, 대여권, 공연권(방송 실연 제외), 방송권(녹음 실연 제외), 전송권
	보상청구권	방송 보상, 디지털 음성 송신 보상, 공연 보상
음반 제작자	재산권	복제권, 배포권, 대여권, 전송권
	보상청구권	방송 보상, 디지털 음성 송신 보상, 공연 보상
방송 사업자	재산권	복제권, 동시 중계방송권, 공연권(방송 시청 입장료를 받는 경우)

LESSON 02
AI 음악, 저작권 등록이 가능할까?

저작권은 창작과 동시에 발생하고, 어떠한 절차나 형식을 필요로 하지 않습니다. 그러므로 저작권 등록이 반드시 필요한 건 아닙니다. 다만 '저작권협회'에 저작물을 등록하면 좀 더 쉽게 저작권을 관리할 수 있다는 장점이 있습니다.

♪ 프롬프트 입력, 창작 행위로 볼 수 없어

2025년 6월, 문화체육관광부와 한국저작권위원회에서는 AI 사용자가 알아야 할 내용들을 현행 저작권법의 관점에서 정리한 '생성형 인공지능 활용 저작물의 저작권 등록 안내서'를 발간하였습니다.

안내서에 따르면 프롬프트 입력 행위만으로 AI가 독자적으로 생성한 산출물에 대해서는 저작권을 인정받을 수 없으며, 저작권 등록도 불가합니다. 이는 현행 저작권법이 저작물을 '인간의 사상 또는 감정을 표현한 창작물'이라고 정의하고 있기 때문입니다(저작권법 제2조 제1호). 또한 프롬프트 입력 행위는 일반적으로 창작 활동으로 인정되지 않습니다.

♪ AI 산출물의 저작권 등록 사례

하지만 방법이 전혀 없는 것은 아닙니다. AI 산출물에 인간의 창작성을 부가한다면 이는 'AI 활용 저작물'로 저작권을 인정받을 수 있습니다. 실제 저작권 등록이 승인된 사례들을 몇 가지 살펴보겠습니다.

새벽의 자리야(Zarya of the Dawn)

'새벽의 자리야(Zarya of the Dawn)'는 미국의 예술가 '크리스티나 카슈타노바(Kristina Kashtanova)'가 이미지 생성형 AI 미드저니(Midjourney)를 활용해 제작한 만화책입니다. 이 작품은 2022년 9월 미국 저작권청에 정식 등록되었으나, 이후 'AI가 생성한 이미지는 저작물로 인정할 수 없다'는 이유로 2023년 2월 등록이 취소되었습니다. 다만 작가가 작성한 만화책의 줄거리와 대사, 그리고 AI로 생성한 이미지들을 직접 선택하고 배열한 부분에 대해 편집저작물로서 저작권이 인정되었습니다.

이 사례는 만화책 속 그림과 캐릭터는 저작권 보호 대상에서 제외되었지만, 전체 만화책은 편집저작물로서 저작권 인정을 받았다는 점에서 의미가 있습니다. 즉, 그림을 잘 그리지 못하더라도 좋은 이야기와 소재만 있다면, 이제는 누구나 AI를 활용해 아이디어를 실현하고 편집저작물로서 법적 보호를 받을 수 있는 시대가 열린 것입니다.

한 조각의 아메리칸 치즈(A Single Piece of American Cheese)

2025년 1월, 이미지 생성형 AI 기업 인보크(Invoke)는 자사 서비스를 활용해 제작한 이미지 '한 조각의 아메리칸 치즈(A Single Piece of American Cheese)'에 대해, AI가 생성한 단일 이미지로서는 최초로 미국 저작권청의 저작권 등록 승인을 받았습니다. 오른쪽 QR 코드를 스캔하면 인보크에서 공유한 저작권 획득 과정 보고서를 확인할 수 있습니다.

당초 미국 저작권청은 해당 신청을 '인간의 저작 기여가 불충분하다'라는 이유로 거절했으나, 인보크는 이의를 제기하며 작업 과정을 담은 영상과 인간의 창작적 개입을 입증하는 자료를 추가로 제출했습니다. 이 자료에는 초기 이미지 생성부터 캔버스 도구를 활용한 채색 및 이미지 확장, 이마의 눈과 머리 위 치즈, 상반

신과 내부 장기 등 새로운 요소 추가, 35회 이상의 반복된 인페이팅 작업 등 구체적인 창작 과정이 상세히 포함되어 있었습니다. 그 결과 미국 저작권청은 이의신청을 받아들였고, 2025년 1월 해당 이미지에 대한 저작권 등록을 최종 승인하였습니다.

이는 사용자가 명확한 창작 의도(통제 가능성)를 가지고, 그 의도에 따라 AI를 활용해 결과물을 정확히 구현한 경우(예측 가능성), 프롬프트 입력 행위도 창작적 기여로 인정받을 수 있음을 보여주는 중요한 판례가 되었습니다.

▲ 인공지능으로 생성한 최초의 이미지(좌)와 저작권 승인을 받은 이미지(우)

이미지출처: invoke에서 공유한 저작권 획득 과정 보고서

기타 저작권 등록이 가능한 사례 한국저작권위원회는 저작권 등록이 가능한 AI 활용 저작물의 사례를 다음과 같이 제시하고 있습니다.

- **작곡은 인간, 가사는 AI:** 작곡 부분에 한정하여 음악저작물로 저작권 등록 가능
- **AI가 작사×작곡, 인간이 노래:** 저작권 등록 불가, 가수에 대한 실연권과 음반에 대한 저작인접권은 등록 가능
- **AI 캐릭터로 인간이 제작한 영화:** 캐릭터는 저작권 등록 불가, 영화는 영상저작물로 저작권 등록 가능

🎵 AI 음악 저작권 등록 시 주의할 점

창작적 기여로 인정되지 않는 경우 AI 활용 저작물에서 인간의 창작성 여부를 판단할 때 오탈자 수정, 이미지 크기 조정, 일부 색상 변경 등의 사소한 변경은 창작적 기여로 인정되지 않습니다. 음악의 경우 볼륨 조정, 미세한 템포 변화, 리버브 추가 등이 이에 해당합니다.

이러한 단순 편집을 거친 AI 산출물을 인간이 창작한 것처럼 허위 등록한다면 저작권법 제136조 제2항 제2호에 따라 3년 이하의 징역 또는 3천만 원 이하의 벌금에 처해질 수 있으므로 각별한 주의가 필요합니다.

아직 저작권료 지급은 어려워 대부분의 작사×작곡가는 자신이 만든 음악이 앨범으로 발매되면 한국음악저작권협회(KOMCA)와 권리 신탁 계약을 맺습니다. 음악이 언제, 어디서, 어떻게 사용되는지를 일일이 확인하기 어렵기 때문에 협회에 권리를 일임하고 협회를 통해 저작권료를 지급받는 것이죠.

이는 저작권위원회에 저작물을 등록하는 것과는 별개의 개념입니다. 저작물 등록이 부동산 등기처럼 소유권을 증명하기 위함이라면, 저작물 권리 신탁은 부동산에 매물을 등록하고 임대 수익을 창출하는 행위에 비유할 수 있습니다.

그러나 2025년 7월 기준, 한국음악저작권협회는 AI를 활용한 모든 작품에 대해 일시적으로 등록을 보류하고 있습니다. 또한, 이미 등록된 작품 중에서도 AI 활용 생성물임이 밝혀질 경우 저작권료 지급을 중단하겠다는 입장입니다. 실제로 가수 홍진영의 '사랑은 24시간'은 2021년 2월 한국음악저작권협회에 정식 등록되었으나, 추후 AI가 작곡한 음악임이 밝혀지면서 2023년 7월부터 저작권료 지급이 중단되었습니다.

따라서 AI 활용 저작물에 대한 저작권료 지급 및 분배에 관한 명확한 기준이 마련될 때까지, AI 음악은 저작권료를 통한 수익 창출이 불가능한 상황입니다. 다만, 최근 저작권위원회에서 AI 활용 저작물에 관한 새로운 가이드라인을 발표한 만큼, 한국음악저작권협회에서도 실질적인 저작권료 징수 방안이 조만간 마련될 것으로 보입니다. 이와는 별개로 노래나 연주 등 인간이 직접 참여한 부분에 대해서는 실연권, 음원 발매로 발생하는 수익에 대해서는 저작인접권을 통해 권리 등록 및 수익을 창출할 수 있습니다.

LESSON 03

AI 음악, 상업적으로 사용할 수 있을까?

Chapter 02부터 다루게 될 음악 생성형 AI인 Suno와 Udio의 주요 약관을 살펴보면, 구독 플랜에 따라 생성한 음악의 소유권 및 상업적 사용 여부가 달라집니다. 그러므로 사용 전 반드시 정확한 약관을 확인하는 것이 좋습니다.

♪ Copyright와 Ownership

앞서 설명한 저작권은 국제 표준에 준하는 '베른 협약'에 기초한 내용으로 대부분의 국가에서 통용됩니다. 영어로는 Copyright라고 하며, 해외의 저작권 관련 문서를 확인할 때는 반드시 이 Copyright라는 용어를 찾아서 확인해야 합니다.

하지만 Suno와 Udio를 비롯한 대부분의 생성형 AI 서비스 업체들은 약관상 Copyright를 보장하지 않습니다. 이는 앞서 언급했듯이, 단순 프롬프트 입력 행위는 '창작'으로 인정되지 않으며, 타인의 저작물을 학습하는 생성형 AI 특성상 언제나 저작권 침해의 소지가 존재하기 때문입니다. 이러한 이유로 대부분의 생성형 AI 서비스는 저작권에 대한 최종 판단은 각국의 유관 기관 해석에 맡기되, 사용자에게는 Ownership을 부여하는 방식을 택하고 있습니다.

본래 Ownership(이하 소유권)은 유형 자산에 대한 직접적이고 배타적인 권리를 의미합니다. 이는 언뜻 저작재산권과 유사해 보일 수 있지만, 소유권은 '유형의 재산'에 대한 권리인 반면 저작재산권은 '유무형의 창작물'에 대한 권리입니다. 따라서 이 둘은 명확히 구분되는 개념이므로, 사용자는 AI 산출물의 소유권을 갖고 있더라도 저작재산권에 해당하는 권리들을 행사할 수는 없습니다.

즉, 소유권은 AI 산출물이 저작권 인정을 받지 못하는 현 상황에서 사용자의 권리 보호를 위한 최소한의 안전장치라고 볼 수 있습니다. 많은 국가에서 AI 산출물에 대한 저작권 논의가 활발하게 이루어지고 있는 만큼, AI 산출물의 소유권 확보는 추후 저작권 행사 및 법적 논쟁에 대비하기 위한 중요한 요소라고 할 수 있습니다.

🎵 Suno 구독 플랜 및 Ownership 약관

Suno에서 생성한 음악의 소유권 유무를 판단하는 방법은 간단합니다. 음악을 생성하는 시점에 사용자가 구독 중인 플랜이 무료인지 유료인지에 따라 달라집니다. Suno의 구독 플랜에는 크게 무료로 이용할 수 있는 프리 플랜(Free Plan)과 결제가 필요한 프로 플랜(Pro Plan), 프리미어 플랜(Premier Plan)이 있습니다. 각 플랜에 따라 음악의 소유권 및 상업적 사용 가능 조건이 어떻게 달라지는지 살펴보겠습니다.

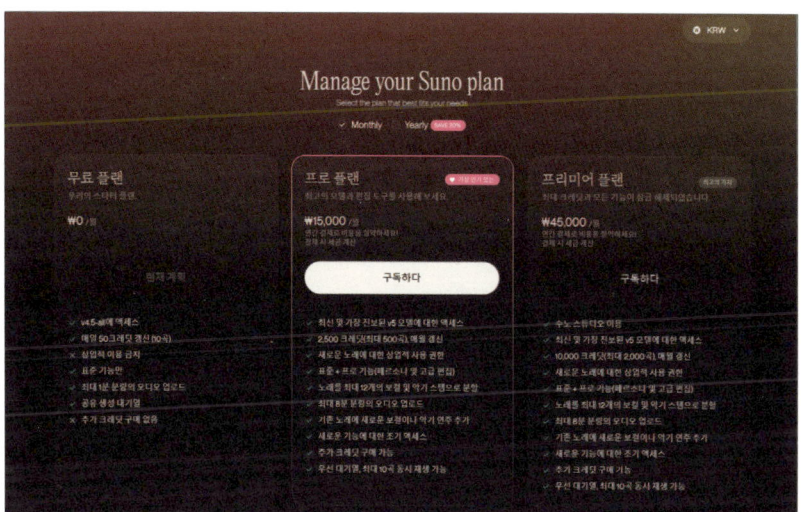

▲ Suno 구독 플랜

프리 플랜 프리 플랜은 Suno에 가입하여 무료로 이용할 수 있는 기본 플랜입니다. 매일 50개의 크레딧이 제공되며, 음악을 한 곡 생성할 때마다 5개의 크레딧이 소모되므로 하루에 최대 10곡까지 음악을 만들 수 있습니다. 이러한 프리 플랜에서 생성한 음악의 소유권은 Suno에 있으며, 사용자는 비상업적 용도로만 음악을 사용할 수 있습니다. 여기서 주의해야 할 점은 상업적 용도에 유튜브 수익 창출도 포함된다는 점입니다. 또한, 비상업적 용도라 하더라도 제목이나 크레딧 란에 해당 음악이 Suno로 제작되었음을 알 수 있도록 표시해야 합니다.

프로/프리미어 플랜 프로/프리미어 플랜은 사용자에게 좀 더 자유롭고 유연한 창작 환경을 제공합니다. 프로 플랜은 매월 2,500크레딧, 프리미어 플랜은 매월 10,000크레딧을 제공하며, 프리 플랜 사용자보다 빠르게, 동시 최대 10곡까지 음악을 생성할 수 있습니다.

프로/프리미어 플랜에서 생성한 음악의 소유권은 사용자에게 있으며, 상업적 사용도 가능합니다. 단, ==프리 플랜에서 프로/프리미어 플랜으로 업그레이드했을 때 기존에 생성한 음악에는 약관이 소급 적용되지 않으므로 주의가 필요합==니다. 즉, 프리 플랜에서 생성한 음악은 현재 프로/프리미어 플랜을 사용 중이더라도 프리 플랜의 약관이 적용되어 Suno에 소유권이 있으며 상업적 사용이 제한됩니다. 따라서 상업적 사용이 목적이라면 음악을 생성하기 전 미리 프로/프리미어 플랜으로 업그레이드해야 합니다.

같은 원리로 프로/프리미어 플랜을 구독 중에 생성한 음악은 구독을 취소한 후에도 프로/프리미어 플랜의 약관이 적용되어 소유권이 사용자에게 유지되고 상업적으로 사용할 수 있습니다. 따라서 구독 기간이 종료된 후에도 인보이스를 보관하는 것이 좋습니다.

🎵 Udio 구독 플랜 및 Ownership 약관

Udio도 무료로 이용 가능한 프리(Free) 플랜과 결제가 필요한 스탠다드(Standard), 프로(Pro) 플랜이 있습니다. 하지만 Suno와 달리, 구독 중인 플랜에 관계없이 생성한 음악의 소유권이 모두 사용자에게 귀속되며, 자유로운 상업적 사용이 가능합니다. 단, 플랜에 따라 다음과 같은 기능의 차이를 두고 있습니다.

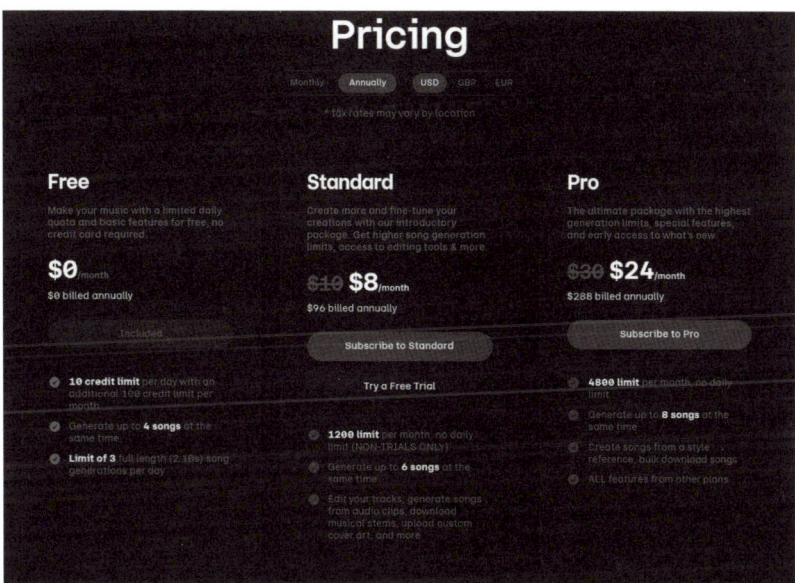

▲ Udio 구독 플랜

프리 플랜 프리 플랜은 Udio에 가입하면 무료로 이용할 수 있는 기본 플랜으로 매일 10개의 크레딧, 매월 100개의 추가 크레딧이 제공됩니다. 프리 플랜에서는 인페인팅과 같은 일부 고급 기능이 제한되며, 제목이나 크레딧 란에 해당 음악이 Udio로 제작되었음을 알 수 있도록 표시해야 합니다.

스탠다드/프로 플랜 스탠다드 플랜에서는 매월 1200크레딧, 프로 플랜에서는 매월 4800크레딧이 제공되어 일일 한도 없이 음악을 생성할 수 있습니다. 또한, 프리 플랜 사용자들보다 더 빠른 속도로 음악이 생성되며, 동시에 생성 가능한 곡 수도 스탠다드 플랜은 최대 6곡, 프로 플랜은 최대 8곡으로 확대됩니다. 무엇보다 인페인팅, 스템 다운로드, 최신 모델 등 다양한 고급 기능이 제공되어 더 정밀하고 완성도 있는 음악 제작이 가능합니다.

MEMO

CHAPTER

02

AI 작곡을 위한 음악의 기초 송 폼 알고 가기

우리가 가장 많이 소비하는 대중음악의 길이는 보통 3분 내외입니다.
이는 대중음악이 '송 폼'이라고 하는 일정한 구조와 패턴을 따르기 때문인데요,
이번 챕터에서는 작곡의 기본이자 AI 음악의 퀄리티를 좌우하는
'송 폼'의 개념에 관해 이야기해 보겠습니다.

Lesson 01 음악의 기승전결, 송 폼
Lesson 02 장르별 다양한 송 폼

LESSON 01
음악의 기승전결, 송 폼

'송 폼(Song Form)'은 쉽게 말해 음악의 구조입니다. 우리가 즐겨 듣는 힙합, 발라드, 댄스, EDM 등 대중음악에서 주로 사용되는 용어로, 대중음악 작곡의 기본적인 틀이라 할 수 있습니다. AI 작곡에서도 송 폼은 음악의 완성도를 결정짓는 중요한 요소가 됩니다.

이야기에 서론-본론-결론 또는 기승전결이 존재하듯, 음악에도 유사한 구조가 존재하는데 이를 '송 폼'이라고 합니다. 그러므로 송 폼을 모르고 음악을 만들면 흐름이 어색하거나, 언제 끝내야 할지 몰라 음악이 5분, 10분, 심지어 1시간까지 길어질지도 모릅니다.

물론 음악에는 정답이 없으므로 자연스럽게 흘러가도록 두는 것이 잘못된 방법은 아닙니다. 다만, 우리가 흔히 듣는 3분 내외의 대중음악 대부분은 비슷한 형태의 송 폼을 따르고 있으므로, 기성곡들과 비슷한 느낌을 내고 싶다면 송 폼부터 이해하고 접근하는 것이 좋습니다.

그렇다면 대중음악이 구체적으로 어떤 구조로 이루어져 있는지, 음악의 흐름에 따라 살펴보겠습니다. 사실, 여러분은 이미 그 답을 알고 있을지도 모릅니다. 친구와 함께 노래방에 갔다고 상상해 보세요.

인트로 Intro

친구가 먼저 선곡을 하고 마이크를 잡았다고 생각해 보세요. 노래방 기기에서 반주가 흘러나오고, 화면에는 '전주 중' 또는 '인트로(Intro)'라고 표시되고 있습니다.

인트로는 음악의 시작 부분으로, 앞으로 어떤 분위기의 음악이 나올지를 미리 소개하는 파트입니다. 주로 가창이 없는 인스트루멘탈(Instrumental) 음악이 사용되지만, 경우에 따라 가창이 포함되기도 합니다.

예전에는 인트로가 긴 음악들이 많아서 노래방에서 '전주 점프' 기능이 필수로 여겨지기도 했습니다. 하지만 최근에는 음악의 길이가 점차 짧아지고 2분대의 곡도 많아지면서 인트로 길이를 대폭 줄이거나 생략하는 사례가 많아졌습니다. 그런데 아이러니하게도, 음악 시장의 경쟁이 치열해지면서 ==인트로는 사람들의 귀를 1초 만에 사로잡아야 하는 중요한 파트==가 되고 있습니다.

벌스 원 Verse 1

인트로가 지나고, 가사와 함께 본격적으로 노래가 시작되는 파트를 '벌스 원(Verse1)'이라고 합니다. 벌스 원은 전반적인 스토리나 상황 묘사를 통해 곡의 주제를 자연스럽게 소개하고, 청자의 감정선을 잡아 주는 기초적인 역할을 합니다. 비교적 절제된 톤의 사운드와 멜로디를 사용하여, 이어지는 프리코러스나 코러스와의 대비가 더욱 극적으로 들리도록 만듭니다.

프리코러스 Pre-chorus

점점 음악의 하이라이트로 달려가고 있습니다. 앞서의 벌스 원과는 다른 새로운 멜로디가 등장하면서 음악의 분위기도 살짝 달라집니다. 벌스에서 코러스로 넘어가기 전 두 파트를 자연스럽게 연결하거나 분위기를 고조시키는 파트, 바로 '프리코러스(Pre-chorus)'입니다. 프리코러스에서는 벌스에서 시작된 이야기를 발전시키거나 음악의 긴장감을 높여 다음에 이어질 코러스 파트에 대한 기대감을 높이는 역할을 합니다.

코러스 Chorus

드디어 음악의 하이라이트가 나오고 친구들이 너도나도 따라 부르기 시작합니다. 음악의 메인 파트, '코러스(Chorus)'입니다. 코러스는 곡의 주제를 강하게 전달하고, 청자에게 노래를 인상적으로 각인시키는 역할을 합니다. 그러므로 누구나 쉽게 따라 부를 수 있는 가사와 중독성 있는 멜로디가 특징이며, 음악 전체에 반복해서 등장합니다. 코러스는 일상에서 후렴, 훅(Hook), 싸비 등 여러 가지 이름으로 불리기도 합니다. 그리고, 인트로를 제외한 [벌스 원-프리코러스-코러스]까지를 대중음악에서는 1절로 봅니다.

인터루드 Interlude

'인터루드(Interlude)'는 간주입니다. 1절과 2절 사이에 등장하여 음악의 분위기를 전환하거나 잠시 휴식을 제공하며 전개를 부드럽게 잇는 역할을 합니다. 최근 음악 트렌드를 보면 인터루드를 생략하는 사례가 많아지고 있습니다.

벌스 투 Verse2

성격 급한 친구가 '간주 점프' 버튼을 눌렀더니 곧바로 2절이 시작되었습니다. 2절의 시작은 보통 벌스 원과 동일하거나 유사한 멜로디로 구성되기 때문에 '벌스 투(Verse2)'라고 부릅니다. 벌스 투는 벌스 원의 흐름을 이어 가면서도 가사와 편곡에 약간의 변화를 주어, 노래의 이야기나 감정을 더욱 발전시키는 역할을 합니다. 대중음악에서는 [벌스 투-프리코러스-코러스]를 묶어 2절로 보는 것이 일반적이지만, 곡의 구성에 따라 벌스를 생략하고 [프리코러스-코러스]만으로 2절을 구성하기도 합니다.

브리지 Bridge

2절의 코러스가 끝나면 음악에 따라 '브리지(Bridge)' 파트가 등장합니다. 주로 음악의 중후반부에서 코러스와 코러스를 잇는 역할로, 곡의 다이내믹을 강화하고 전체적인 감정선을 풍부하게 만들어 주는 감초 같은 파트입니다.

브리지에서는 1, 2절과는 다른 새로운 멜로디나 사운드를 사용하여 음악에 신선한 활력을 불어넣거나, 코러스와 대비를 통해 이어지는 코러스 또는 '코러스 다시' 파트를 한층 더 극적이고 강렬하게 들리도록 합니다.

코러스 다시 Chorus'

'코러스 다시(Chorus')'는 코러스의 반복을 의미합니다. 주로 음악의 중후반부나 엔딩에서 코러스를 한 번 더 강조하고자 사용하는데, 앞서의 코러스를 그대로 반복하는 것보다는 악기나 백업 보컬을 추가하는 등의 화려한 편곡으로 변화를 주는 경우가 많습니다. 이러한 '코러스 다시' 파트를 잘 활용하면 곡의 클라이맥스를 형성하고 다이내믹을 한층 더 확장해 청자에게 마지막까지 깊은 여운을 남길 수 있습니다.

아웃트로 Outro

아웃트로(Outro)는 음악을 마무리하는 파트입니다. 인트로와 마찬가지로 최근 음악 트렌드에 따라 생략하거나 길이를 매우 짧게 하는 사례가 많아지고 있습니다.

LESSON 02
음악 장르별 다양한 송 폼

AI 음악을 만들 때 참고할 수 있는 몇 가지 송 폼의 예시들을 살펴보겠습니다. 여기서 소개하는 예시들이 정답은 아니므로, 곡의 분위기와 의도에 맞게 자유롭게 응용할 수 있어야 합니다. 각자 즐겨 듣는 음악의 구조를 분석하고 이를 차용해 보는 것도 좋은 방법입니다.

대중음악의 기본 송 폼

대중음악에서 가장 기본적인 송 폼은 인트로와 아웃트로를 제외하고 각 파트를 8마디씩 구성하는 것입니다. 이 기본 구조를 바탕으로 각 파트의 길이를 늘리고 줄이거나, 순서를 바꾸면 새로운 구조의 송 폼을 만들 수 있습니다.

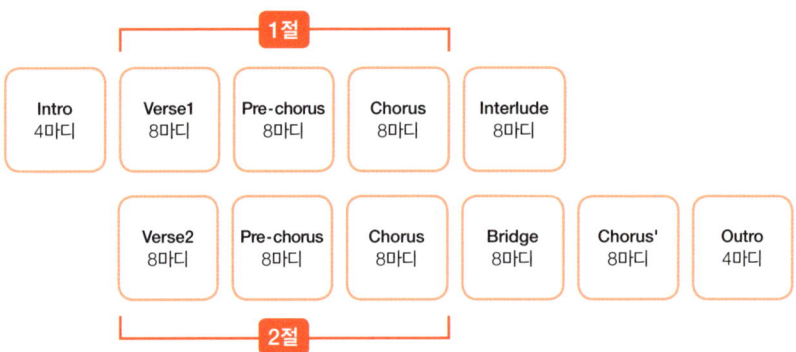

▲ 대중음악의 기본 송 폼

예를 들어, 프리코러스를 4마디로 줄이거나 과감히 생략하고 벌스를 16마디로 늘릴 수 있습니다. 또는 시작 부분에 인트로 대신 코러스를 배치하여 즉각적인 관심을 유도하거나, 아웃트로 자리에 벌스를 배치하여 아웃트로처럼 활용할 수도 있습니다. 참고로 파트의 길이를 조절할 때는 4마디나 8마디 단위로 조절하는 것이 음악의 안정감을 높이는 데 도움이 됩니다.

🎵 EDM의 송 폼

EDM 장르의 음악을 만든다면 다음과 같은 송 폼을 적용해 볼 수 있습니다.

▲ EDM의 송 폼

여기서 주목할 부분은 새롭게 추가된 '드랍(Drop)' 파트입니다. 드랍은 EDM 뿐만 아니라 EDM을 기반으로 하는 K-POP 음악에도 자주 등장하는 독특한 파트로, 강렬하고 선명한 전자 사운드가 특징입니다. 코러스와 인터루드가 합쳐진 듯한 형태를 띠며, 1절과 2절 사이에 등장하는 인스트루멘탈 음악이라는 점에서 언뜻 인터루드처럼 보일 수도 있습니다. 그러나 일반적으로 곡 전체에서 한 번만 등장하는 인터루드와 달리, 드랍은 코러스처럼 반복해서 등장하며 음악의 클라이맥스를 형성하는 메인 파트입니다. 따라서 <mark>EDM 장르에서는 종종 아웃트로를 생략하고 드랍의 화려함과 강렬함으로 음악을 마무리</mark>하는 경우가 많습니다.

미디엄 템포의 송 폼

감성적인 분위기의 미디엄 템포의 음악에서는 인트로 대신 코러스로 음악을 시작하는 방법을 고려해 볼 수 있습니다. 이러한 구성은 시작부터 핵심적인 멜로디와 감정을 전달하여 청자의 집중력과 흡입력을 끌어올리는 데 효과적입니다.

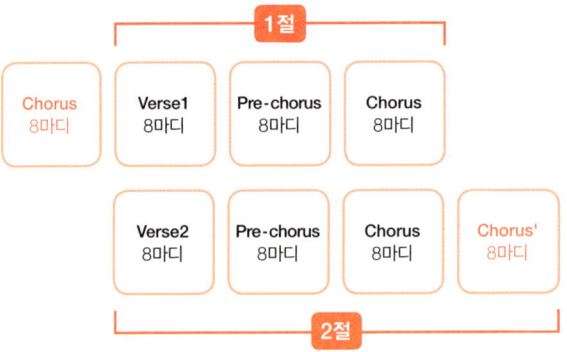

▲ 미디엄 템포의 송 폼

또한 음악의 전체적인 흐름을 고려하여 인터루드나 브리지 파트를 생략할 수도 있습니다. 특히 다이내믹의 변화가 적은 그루브한 리듬의 음악이라면, 불필요한 파트를 생략함으로써 곡의 흐름이 간결해지고 지루함 없이 마지막까지 텐션을 유지할 수 있습니다.

🎵 발라드의 송 폼

템포가 느린 발라드 음악이라면, 1절의 프리코러스를 4마디로 줄이고 2절의 프리코러스는 과감히 생략하는 방법을 생각해 볼 수 있습니다.

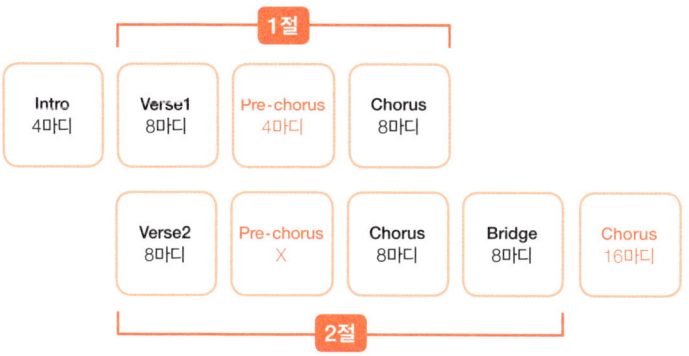

▲ 발라드의 송 폼

이러한 구성은 템포는 느리지만 빠른 전개를 통해 음악이 지나치게 길어지거나 늘어지는 것을 방지해 줍니다. 다만 이 과정에서 자칫 노래의 흐름이나 감정선이 끊길 수 있으므로 주의가 필요합니다. 마지막에는 코러스를 16마디로 늘리거나 코러스 다시 8마디를 추가하는 등 코러스를 반복하여 마무리하면 청자에게 강한 여운과 깊은 감동을 전달할 수 있습니다.

MEMO

CHAPTER

03

AI로
가사 아이디어 얻기

가사는 노래의 주제와 감정을 전달하고,
디자인에 따라 멜로디를 더욱 돋보이게 하는 대중음악에서 매우 중요한 요소입니다.
여기서는 텍스트 생성형 AI인 ChatGPT를 활용해
가사 아이디어를 얻는 방법과 이를 바탕으로 구체적인 가사 작성 방법을 소개합니다.

Lesson 01 ChatGPT로 가사 스케치하기
Lesson 02 스케치한 가사 완성하기

LESSON 01

ChatGPT로 가사 스케치하기

창작 활동에서 가장 어렵고 시간이 많이 소요되는 부분은 아마도 아이디어 구상 단계일 겁니다. 새로운 것을 탐색하고 고민하는 과정은 흥미롭지만, 때로는 너무 막막해 포기하고 싶은 순간들도 있죠. 이럴 때 ChatGPT와 같은 생성형 AI가 제시하는 다양하고 기발한 아이디어들을 참고해 창작의 첫 단추를 쉽게 끼울 수 있습니다.

♬ ChatGPT로 주제 아이디어 얻기

<u>음악은 하나의 이야기입니다.</u> 따라서 가사를 쓰기 위해서는 먼저 주제를 설정해야 합니다. 주제는 크게 두 가지 방식으로 접근할 수 있습니다. 첫 번째는 사랑, 이별, 우정, 여행, 계절과 같은 테마를 선택하는 것이고, 두 번째는 우주, 냉장고, 치킨, 아파트 등과 같은 구체적인 키워드를 선택하는 것입니다.

첫 번째 방식은 주로 일상적인 감정과 경험을 다루기 때문에 많은 사람의 공감을 얻을 수 있지만, 진부한 표현이나 클리셰에 빠지기 쉽다는 단점도 있습니다. 반면 두 번째 방식은 독특하고 신선한 시각으로 이야기를 전개할 수 있지만, 설득력이 부족하면 공감대 형성이 어려울 수 있습니다. 여기서는 후자의 방식을 선택하여, '우주'라는 키워드를 활용한 가사 스케치를 진행해 보겠습니다.

세부 주제 설정 대주제라고 할 수 있는 키워드를 정했다면 구체적인 세부 주제와 줄거리를 설정합니다. 같은 '우주'라는 키워드라도 다양한 방식으로 표현할 수 있을 겁니다. 예를 들어 사랑의 감정을 우주의 무한함에 비유하거나, 슬픔과 절망의 감정을 블랙홀에 빗댈 수 있습니다. 혹은 '어린 왕자'처럼 우주를 배경으로 한 소설을 가사에 녹이거나, 별자리와 관련된 신화를 활용해 서사를 구성하는 것도 좋은 방법입니다. 이제 ChatGPT에 프롬프트를 입력하여 우주와 관련된 세부 주제를 설정해 보겠습니다.

> **TIP** ChatGPT와 같은 생성형 AI는 동일한 프롬프트를 입력하더라도 버전이나 시기, 학습된 경험 등에 따라 다른 결과를 얻을 수 있습니다. 그러므로 프롬프트와 결과는 참고용으로 확인하기 바랍니다.

먼저 ChatGPT에 아래와 같이 프롬프트를 입력하여 결과를 확인해 보겠습니다.

Q. 우주와 관련된 주제 10개 추천해 줘

A. 물론입니다! 여기 우주와 관련된 주제 10가지입니다:
1. 행성 탐사: 탐사선이나 인공위성을 통해 다른 행성을 탐험하고, 이러한 탐사가 어떤 의미를 지니는지에 대한 이야기.
2. 우주 비행: 우주 비행사들의 일상과 과학적, 기술적 측면에서의 도전에 대한 이야기.
3. 희귀한 천체 현상: 검은 구멍, 중력 렌즈 효과, 쌍성 등 우주에서 발견되는 흥미로운 현상들에 대한 설명.
4. 은하수: 은하수의 구조, 형성, 우리가 어떻게 그 안에 있는지 등에 대한 이야기.
5. 우주 세계관: 우주론, 우주 탄생론, 우주 확장론 등과 같은 우주에 관한 다양한 이론들에 대한 토론.
6. 우주 비밀: 우주의 아직까지 해결되지 않은 수수께끼와 미스터리들에 대한 이야기.
7. 우주와 인류: 우주의 발견이 우리의 세계관과 문화에 미치는 영향에 대한 탐구.
8. 우주 기술: 우주 비행, 우주 탐사, 우주 연구를 위한 최신 기술들에 대한 소개.
9. 우주 생물학: 다른 행성이나 천체에서 생명체가 발견될 가능성, 지구 외 생명체에 대한 가설 등에 대한 이야기.
10. 우주의 미래: 인류가 우주에 어떤 모습으로 발전하고, 우주 탐사의 미래에 대한 상상.

앞서의 결과는 지나치게 광범위하고 모호하여 아이디어를 얻기에는 다소 부족합니다. 원하는 답변을 얻기 위해서는 프롬프트를 보다 구체적으로 작성하는 것이 좋습니다. 예를 들어 다음과 같이 감정이나 분위기를 추가하는 것만으로도 ChatGPT의 답변은 크게 달라집니다.

Q. 우주와 관련된 **위트 있고 재미있는** 주제 10개 추천해 줘

A. 당신을 웃게 할 수 있는 우주와 관련된 주제를 소개해 드릴게요!
   1. 우주 적성 검사: "우주 여행이 어울리는 당신의 성격을 알아보세요!"
   2. 외계 생명체의 취미 생활: "외계 생명체들이 지구에서 즐길 만한 취미 10가지"
   3. 은하계에서 숨겨진 레스토랑: "우주 속에 있는 식당들, 당신의 주문은?"
   4. 타임 트래블 관광: "과거로 돌아가는 여행사, 지금 예약하세요!"
   5. 우주에서의 연애: "우주인들의 사랑과 로맨스, 그들의 연애 고백 방법은?"
   6. 별빛 마사지: "우주에서 온 가장 특별한 마사지 경험"
   7. 우주 스낵스 (Space Snacks): "우주 비행을 위한 특별한 간식 레시피"
   8. 화성 주택 시공업체: "화성에서의 삶, 최신 주택 트렌드와 인테리어 팁"
   9. 우주인들의 유머 감각: "우주인들이 웃는 것을 위한 우주판 유머 스탠드업 쇼"
   10. 화성인들의 지구 방문 일정: "화성인들이 지구를 방문했을 때 해야 할 10가지 활동"

Q. 우주와 관련된 **슬픈 사랑** 주제 10개 추천해 줘

A. 우주를 배경으로 한 슬픈 사랑 이야기들입니다. 광활한 공간 속에서의 외로움과 이별, 그리움을 담아낼 수 있는 주제들이에요.
   1. 별똥별에 실은 소원: 헤어진 연인에게 다시 돌아와 달라는 소원을 담아 별똥별에 기도하지만, 별은 그저 사라져버리고 마는 슬픔.
   2. 서로 다른 행성에서의 이별: 사랑했지만 서로 다른 행성에서 살아야 했던 연인들. 우주가 너무 넓어 다시 만날 수 없는 상황의 슬픔.
   3. 빛이 되어 떠난 그 사람: 사랑하는 연인이 우주에서 사라지고, 그의 마지막 모습이 별빛이 되어 밤하늘에 빛나는 이야기.
   4. 블랙홀에 갇힌 사랑: 둘의 사랑이 마치 블랙홀처럼 끌어당기지만 결국 벗어날 수 없는 아픔이 되어버린 이야기.

   (후략)

> Q. 우주와 관련된 **신비롭고 몽환적인** 주제 추천해 줘
>
> A. 우주의 신비로움과 몽환적인 분위기를 담아낼 수 있는 주제를 추천해드릴게요. 상상력을 자극하면서도 은은하게 신비로운 느낌을 줄 수 있는 테마들이에요!
> 1. 별들의 기억을 모으는 사람: 우주의 별 하나하나에 깃든 기억들을 모아 자신만의 이야기를 완성하는 여행자.
> 2. 잊혀진 행성의 자장가: 아무도 찾지 않는 작은 행성에서 들리는 은은한 자장가. 그 소리를 듣고 찾아온 자들이 느끼는 신비로운 순간.
> 3. 꿈을 연결해주는 성운: 잠에 들면 성운을 통해 서로의 꿈을 공유하는 우주 속 연인들의 몽환적인 사랑 이야기.
> 4. 미래를 비추는 은하수: 은하수의 빛 속에 자신의 미래를 볼 수 있는 사람이 은하수에 비친 장면을 통해 운명을 바꾸려는 이야기.
> 5. 별의 바다에서 길을 잃다: 별들이 모여 형성된 은하수에서 길을 잃은 우주인이 마주하는 환상적인 풍경과 신비로운 존재들.
>
> (후략)

이처럼 ChatGPT를 잘 활용하면 자전거, 김밥, 양말, 우산, 대형마트 등 우리 주변의 평범하고 일상적인 소재들이 독특하고 창의적인 예술 소재가 될 수 있습니다. AI가 제시하는 사물에 대한 새로운 시각과 아이디어들은 창작의 부담을 덜고, 상상력의 지평을 넓히는 데 큰 도움이 됩니다.

이제 ChatGPT가 제안해 준 여러 주제 중 하나를 선택하여 발전시켜 봅시다! 여기서는 '우주와 관련된 위트 있고 재미있는 주제' 중 하나인 '은하계에 숨겨진 레스토랑'을 세부 주제로 선택해 보겠습니다. 다만, 레스토랑보다는 좀 더 친숙하고 일상적인 소재인 '편의점'으로 바꾸어 가사 스케치를 이어가겠습니다.

♪ ChatGPT로 가사 생성하기

세부 주제를 정했으니 이제 본격적으로 가사를 생성할 차례입니다. 바로 ChatGPT에 가사 생성을 요청해도 되지만, 그 전에 가사에 활용할 단어나 표현부터 추출하면 내용의 방향을 잡고 구체화하는 데 도움이 됩니다. 또한, 추후 가사 스케치가 끝난 후 본 가사를 완성할 때에도 유용한 참고 자료가 될 수 있습니다.

'우주와 관련된 위트 있고 재미있는 주제 10개 추천해 줘'라는 프롬프트 결과를 확인한 다음이라고 가정하고, ChatGPT에게 세부 주제에 어울리는 단어나 표현을 추천해 달라고 요청해 보겠습니다.

> Q. 3번이 마음에 들어. 대신 레스토랑보다 편의점이 좋겠어.
> 여기에 어울리는 단어나 표현 30개 추천해 줘.
>
> A. 네, 당신이 좋아하시는 주제에 맞춰서 편의점 관련 단어나 표현을 준비해봤어요.
> 1. 우주 과자
> 2. 별빛 음료수
> 3. 화성 샌드위치
> 4. 달 과일
> 5. 은하수 아이스크림
> 6. 로켓 칩스
> 7. 태양과 땅콩 바
> 8. 우주 초콜릿
> 9. 외계인 스낵
> 10. 코스모스 크래커
> (후략)

위의 과정에서 마음에 드는 단어나 표현을 추출했다면, 이제 해당 답변을 바탕으로 가사를 생성합니다. 프롬프트 입력란에 ChatGPT의 역할과 해야 할 일,

노래의 제목과 내용, 원하는 장르와 분위기, 그리고 음악의 구조를 아래와 같이 입력합니다.

> Q. 좋아 마음에 들어. 지금부터 너는 K-POP 작사가야.
> 이제 이 단어들을 최대한 조합해서 가사를 써 줘.
> 제목은 [우주 편의점]이고 [우주에 단 하나밖에 없는 편의점]에 관한 내용이야.
> 장르는 [Pop rock]이고 [유쾌하고 재미있고 간결한] 느낌으로 써 줘.
> 구조는 Verse1, Pre-chorus, Chorus, Verse2, Pre-chorus, Chorus야.
>
> A. 멋진 주제네요! 준비해 볼게요.
> [Verse 1] 우주 곳곳을 탐험해 별빛이 쏟아지는 편의점을 찾아
> 화성에서부터 달까지 우리의 맛있는 비밀이 들어있어
> 행성마다 다른 맛과 향 우리의 과자와 음료수
> 우주의 모든 이들이 모여 즐거운 파티가 시작돼
>
> [Pre-chorus] 저기 저 우주편의점이 보여 한 번 들러봐 우리 함께해봐
> 우리만의 우주 편의점에서 함께할 수 있다면
> [Chorus] 우주편의점은 단 하나야 어디서든 널 위한 곳
> 별빛이 내린다고 해도 우리의 맛은 빛보다 반짝
>
> [Verse 2] 우주 속에 있는 우리집 외계인들과 함께한 미친 파티
> 태양과 달이 노래하면 우리는 함께 춤추네
> 새로운 맛을 찾아 떠나자 우주 편의점은 계속해서 열려 있어
> 우리가 만들어 가는 우리의 이야기 우리가 함께하는 모든 순간
>
> [Pre-chorus] 저기 저 우주편의점이 보여 한 번 들러봐 우리 함께해봐
> 우리만의 우주 편의점에서 함께할 수 있다면
> [Chorus] 우주편의점은 단 하나야 어디서든 널 위한 곳
> 별빛이 내린다고 해도 우리의 맛은 빛보다 반짝

ChatGPT가 순식간에 가사를 완성해 주었지만, 전체적인 스토리가 약하고 코러스에 기억에 남을 만한 포인트가 부족해 아쉬운 느낌입니다. 이럴 땐 각 파트에 구체적인 스토리를 추가하여 완성도 높은 가사를 이끌어 낼 수 있습니다.

> Q. Verse1에서는 [손님들을 환영하는 홍보 문구]를 넣어 줘.
> Pre-chorus에서는 [우주 편의점에서 파는 물건들의 목록]을 넣어 줘.
> Chorus는 영어 단어나 문장이 반복되는 중독성있는 가사였으면 좋겠어.
> Verse2에서는 [손님들과 직원들의 바쁘고 정신없는 모습]을 묘사해 줘.
> Verse1과 Verse2는 멜로디가 똑같으니까 글자수를 비슷하게 맞춰 줘.
>
> A. [Verse 1] 어서와! 환영해요, 우주에 단 하나밖에 없는 편의점
> 별들이 축제를 열어 환호하네 우리 편의점으로 손님들을 모아
>
> [Pre-chorus] 별빛 음료와 로켓 칩스 태양과 땅콩 바 화성 샌드위치
> 우리 편의점은 다 있어 우리 편의점에선 모두 즐거워
>
> [Chorus] Space convenience store, it's out of this world
> Space convenience store, it's out of this world
> 우주편의점, 우주편의점 별에서도 유명한 그 곳
>
> [Verse 2] 빨리 빨리, 여기저기 손님들과 직원들이 서둘러
> 별이 타이밍을 맞춰 춤추네 우리 편의점은 항상 활기차
>
> [Pre-chorus] 은하수 아이스크림과 우주 초콜릿 화성 과자와 로켓 롤
> 우리 편의점은 모든 걸 가졌어 우리 편의점은 최고야
>
> [Chorus] Space convenience store, it's out of this world
> Space convenience store, it's out of this world
> 우주편의점, 우주편의점 별에서도 유명한 그 곳

계속해서 프롬프트를 조금씩 수정하거나, 마음에 드는 가사가 나올 때까지 응답 결과를 다시 요청하면서 가사를 추출합니다. 이때, 가사 전체가 완벽하게 마음에 들지 않아도 괜찮습니다. 아직은 스케치 단계이므로, 생성된 가사에서 파트별로 마음에 드는 단락이나 문장이 있다면 별도로 메모장에 정리하세요.

▲ ChatGPT에서 응답 재요청하기

> **TIP** 응답 새로 고침 중 영어로 답변이 나온다면 프롬프트에 '한국어 가사'라는 내용을 추가해 보세요.

가사 스케치에 참고할 만한 프롬프트

Q1. [키워드]와 관련된 [재미있는 / 위트 있는 / 슬픈 / 몽환적인] 주제 10개 추천해 줘.

Q2. [O]번이 좋겠어. 여기에 어울리는 단어나 표현 30개 추천해 줘.

Q3. 좋아. 지금부터 너는 작사가야. 이제 이 단어들을 최대한 조합해서 가사를 써 줘.
제목은 [제목]이고 [짧은 줄거리]에 관한 내용이야.
장르는 [(생략 가능)]이고 [귀여운 / 유쾌한 / 슬픈 / 몽환적인 / 일기 / 편지] 느낌으로 써 줘.
구조는 Verse1, Pre-chorus, Chorus, Verse2, Pre-chorus, Chorus야.

Q4. Verse1에서는 [   ]을 묘사해 줘.
Verse2에서는 [   ]을 묘사해 줘.
Pre-chorus에서는 [   ]을 묘사해 줘.
Chorus는 짧은 영어 단어나 문장(또는 제목)이 반복되는 중독성 있는 가사였으면 좋겠어.
Verse1과 Verse2는 멜로디가 똑같으니까 글자수를 비슷하게 맞춰 줘.

LESSON 02
스케치한 가사 완성하기

AI 작곡 시 가사는 '프롬프트'와 같은 역할을 하므로 가사의 완성도가 음악의 전체적인 완성도에 큰 영향을 미칩니다. 이제 스케치한 가사를 바탕으로 AI 작곡에 최적화된 형태의 가사를 완성해 보겠습니다.

앞서 ChatGPT로 스케치한 '우주 편의점' 가사 중 마음에 드는 단어나 문장만을 따로 추려 파트별로 정리했더니 다음과 같은 결과를 얻을 수 있었습니다.

Verse1	여기 어서 오세요, 우리 우주편의점에 우주에 단 하나밖에 없는 편의점 우리는 당신의 빈손을 채워줄게요 Welcome to the one and only
Pre-chorus	별빛 음료와 로켓 칩스 은하수 아이스크림, 갤럭시 스무디 피곤한 외계인 에너지 드링크 우리들을 위한 특별한 메뉴
Chorus	Space convenience store It's out of this world 우주편의점, 우주편의점 별에서도 유명한 그 곳
verse2	빨리빨리 여기저기 바쁜 손님들, 어디로 가는 거죠? 손님들과 직원이 서둘러

이제 이 단어나 문장들을 활용하여 파트별로 4줄씩, 한 줄에 10음절 내외로 가사를 정리합니다.

수정 전	수정 후	
[Verse1] 여기 어서 오세요, 우리 우주편의점에 우주에 단 하나밖에 없는 편의점 우리는 당신의 빈손을 채워줄게요 Welcome to the one and only	[Verse1] 거기 손님, 어서 오세요 우주에 단 하나밖에 없죠 빈손으로 나갈 수도 없죠 Welcome to the 우주 편의점	음절 수 9 10 10 9
[Pre-chorus] 별빛 음료와 로켓 칩스 은하수 아이스크림, 갤럭시 스무디 피곤한 외계인 에너지 드링크 우리들을 위한 특별한 메뉴	[Pre-chorus] 별빛 팝콘, 소행성 감자칩 빛나는 은하수 슬러시 엊그제 새로 들어왔어요 달나라 토끼의 인절미	음절 수 10 9 10 9

줄마다 음절 수를 반드시 똑같이 맞출 필요는 없지만, 아래 '가사 구조의 예시' 를 참고하여 8~12글자 사이에서 크게 벗어나지 않도록 하는 것이 좋습니다.

가사 구조의 예시			
AABA		AABB	
어서 오세요, 우주 편의점 우주에 단 하나밖에 없는 우리는 당신의 빈손을 채우는 The one and only 우주 편의점	10 10 12 10	어서 오세요, 우리 편의점으로 우주에 하나뿐인 특별한 이 곳 양손 가득 행복을 채워 Welcome to the 우주 편의점	12 12 9 9
ABBA		AABC	
거기 손님, 어서 오세요 우주에 단 하나밖에 없죠 빈손으로 나갈 수도 없죠 Welcome to the 우주 편의점	9 10 10 9	어서 와, 여긴 우주 편의점 우주에 하나뿐인 편의점 양손 가득한 특별함 Welcome to one and only 우주 편의점	10 10 8 12

일반적인 작곡에서는 멜로디를 먼저 작성하고 그 위에 가사를 입히는 경우가 많지만, AI 작곡은 그 반대의 순서로 작동합니다. 따라서 음절 수를 맞추어 일정한 패턴이 있는 형태로 입력해 주면, 그렇지 않을 때보다 훨씬 더 안정적인 결과물을 얻을 수 있습니다.

계속해서 코러스는 음악의 하이라이트 부분이므로, 청자에게 강렬한 인상을 남기기 위한 포인트가 필요합니다. 이를 위해서는 짧은 단어나 문장을 반복하는 것이 효과적이며, 특히 곡의 제목을 활용하면 청자들이 곡을 쉽게 기억하고 메시지를 더욱 확실하게 전달할 수 있습니다.

수정 전	수정 후	음절 수
[Chorus] Space convenience store It's out of this world 우주 편의점, 우주 편의점 별에서도 유명한 그곳	[Chorus] 우주 편의점, Out of this world 우주 편의점, Out of this world 우주 편의점, Out of this world 우주에서 가장 사랑받는 이곳	 9 9 9 12

2절의 멜로디는 보통 1절과 동일하거나 유사하게 진행되므로, 음절 수 역시 1절과 같거나 최대한 비슷하게 맞추는 것이 좋습니다. 또한, 벌스 원의 마지막 줄 'Welcome to the 우주 편의점'처럼 포인트가 되는 구절을 벌스 투에서 반복하는 것도 일관되고 안정적인 음악을 생성하는 데 효과적입니다.

수정 전	수정 후	음절 수
[Verse2] 빨리빨리 여기저기 바쁜 손님들, 어디로 가는 거죠? 손님들과 직원들이 서둘러	[Verse2] 빨리빨리 담아가세요 물건이 얼마 남지 않았죠 언제 다시 입고될지 몰라 Welcome to the 우주 편의점	 9 10 10 9

가사를 수정할 때 가장 주의할 점은 외래어나 외국어의 사용입니다. 글자 수와 음절 수가 동일한 한글과 달리, 영어는 발음이나 철자에 따라 음절이 달라지기 때문입니다.

예를 들어, 한글 외래어 표기법에 따르면 '아이스크림'은 5음절이지만, 영어 'Ice-cream'은 2음절입니다. 마찬가지로 한글로 '토스트'는 3음절이지만 영어 'Toast'는 1음절입니다. 이처럼 동일한 단어라도 한글과 영어의 음절 수 계산 방식이 다르므로, 필요한 음절 수를 고려해 해당 언어로 작성하는 것이 중요합니다.

수정 전	수정 후	음절 수
[Pre-chorus] 별빛 음료와 로켓 칩스 은하수 아이스크림, 갤럭시 스무디 피곤한 외계인 에너지 드링크 우리들을 위한 특별한 메뉴	[Pre-chorus] 황소 푸딩, 블랙홀 Ice-cream 바삭한 별똥별 토스트 이제 한 개밖에 안 남았어요 화끈한 태양의 떡볶이	 9 9 11 9

> **TIP** 영어 단어의 음절 수가 헷갈릴 때는 ChatGPT에게 물어보세요. 프롬프트에 'Ice-cream이 몇 음절 단어인지 알려 줘'라고 입력하면 간단하게 확인할 수 있습니다.

이렇게 완성한 가사를 Suno나 Udio와 같은 작곡 AI에 입력했을 때, 일반적으로 빠른~미디엄 템포의 음악이라면 한 줄에 두 마디, 느린 템포의 음악이라면 한 줄에 한 마디로 음악이 생성됩니다. 이제 여러분도 ChatGPT의 아이디어에 여러분의 창의력을 더해서 재미있고 새로운 내용의 가사를 작성해 보세요!

완성된 가사

1절

	음절 수
[Verse1]	
거기 손님, 어서 오세요	9
우주에 단 하나밖에 없죠	10
빈손으로 나갈 수도 없죠	10
Welcome to the 우주 편의점	9
[Pre-chorus]	
별빛 팝콘, 소행성 감자칩	9
빛나는 은하수 슬러시	9
엊그제 새로 들어왔어요	10
달나라 토끼의 인절미	9
[Chorus]	
우주 편의점, Out of this world	9
우주 편의점, Out of this world	9
우주 편의점, Out of this world	9
우주에서 가장 사랑받는 이곳	12

2절

[Verse2]	
빨리빨리 담아가세요	9
물건이 얼마 남지 않았죠	10
언제 다시 입고 될지 몰라	10
Welcome to the 우주 편의점	9
[Pre-chorus]	
황소 푸딩, 블랙홀 Ice-cream	9
바삭한 별똥별 토스트	9
이제 한 개밖에 안 남았어요	11
화끈한 태양의 떡볶이	9
[Chorus]	
우주 편의점, Out of this world	9
우주 편의점, Out of this world	9
우주 편의점, Out of this world	9
우주에서 가장 사랑받는 이곳	12

CHAPTER
04

사람을 능가한 AI 작곡, Suno

한 공모전에서 AI가 작곡한 음악이 1등을 차지해 큰 화제가 된 적이 있었습니다. 이 놀라운 결과의 주인공은 바로 Text-to-Music AI의 선구자라 할 수 있는 Suno입니다. 이번 챕터에서는 Suno의 기본 기능과 사용 방법에 대해 알아보겠습니다.

Lesson 01 Suno의 화면 구성 살펴보기
Lesson 02 Suno로 빠르게 완성하는 나만의 음악
Lesson 03 생성한 음악 수정하기

LESSON 01
Suno의 화면 구성 살펴보기

회원가입 절차부터 Suno의 주요 기능까지, 음악을 생성하는 데 필요한 기본적인 요소들을 살펴보 겠습니다.

Suno의 웹사이트 주소는 https://suno.com입니다. Suno에 처음 접속했다면 회원가입부터 진행합니다. 화면 우측 상단에 있는 ❶ [Sign Up] 버튼을 클릭하고, 팝업 창이 열리면 ❷ [애플], [디스코드], [구글], [마이크로소프트] 중 하나를 선택해 사용 중인 계정과 연동하거나, ❸ 휴대폰 번호 인증을 통해 가입을 완료합니다.

 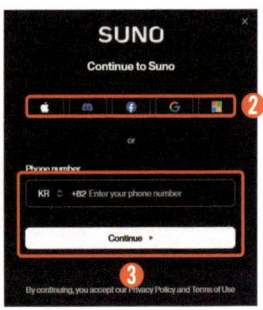

▲ Suno 회원 가입하기

회원가입 후 로그인했다면 화면 왼쪽에 있는 각 탭을 클릭하면서 세부 기능을 확인해 봅니다.

🎵 다른 사용자의 음악을 감상하는 Home 화면

Suno에 접속하면 가장 먼저 나타나는 Home 화면입니다. Home 화면에서는 Suno 사용자들이 만든 다양한 음악을 장르, 아티스트, 인기 순위 등 테마별로 감상할 수 있습니다.

▲ Suno의 Home 탭

❶ **프로필 아이콘:** 나의 계정 정보를 확인하거나 프로필 정보를 수정할 수 있습니다.

❷ **Home:** 클릭하면 Home 화면으로 이동합니다. 화면 좌측 최상단의 [Suno] 아이콘을 클릭해서 이동할 수도 있습니다.

❸ **Credits:** 현재 남은 크레딧을 확인할 수 있습니다. 클릭하면 구독 플랜 결제 화면으로 이동합니다. 무료 사용자는 매일 50크레딧을 사용할 수 있으며, 프로 플랜은 월 2,500크레딧을, 프리미엄 플랜은 월 10,000크레딧을 사용할 수 있습니다. 참고로 한 곡을 생성하는 데 5크레딧이 소모됩니다.

❹ **앨범 커버:** Home 화면의 앨범 커버 이미지를 클릭하면 해당 음악이 재생됩니다. 제목을 클릭하면 해당 음악의 가사와 사용된 프롬프트를 확인할 수 있습니다.

음악을 생성하는 Create 화면

Create 화면에서는 음악을 생성할 수 있습니다. Suno에서 음악을 생성하는 방식은 크게 심플 모드와 커스텀 모드로 나뉘며, 회원가입 후 처음 [Create] 탭을 클릭하면 다음과 같이 심플 모드가 자동으로 활성화됩니다.

심플 모드 Simple mode

심플 모드에서는 음악의 주제, 분위기, 아이디어 등을 간단하게 1~2문장으로 입력하여 빠르게 음악을 생성할 수 있습니다.

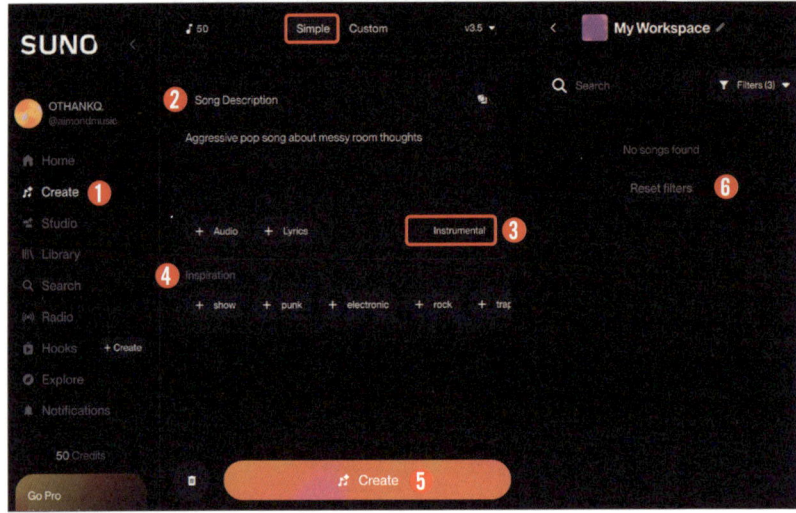

▲ Create 화면의 심플 모드

❶ **Create:** 클릭하면 Create 화면으로 이동합니다.

❷ **Song Description:** 간단한 프롬프트를 입력하는 영역입니다. 한글로 입력할 수도 있습니다.

❸ **Instrumental:** 버튼을 클릭하여 활성화하면 보컬이 없는 인스트루멘탈 음악이 생성됩니다. 예시 이미지처럼 비활성화 상태에서는 입력한 프롬프트에 따라 가사와 보컬이 자동으로 생성됩니다.

❹ **Inspiration:** 음악에 대한 아이디어가 필요하다면 Suno에서 추천하는 태그를 확인해 보세요. 마음에 드는 태그를 클릭하면 프롬프트에 자동으로 입력됩니다.

❺ **Create:** 프롬프트 입력 후 **[Create]** 버튼을 클릭하면 음악이 생성됩니다.

❻ **최근 생성 목록:** 최근에 작업한 음악 목록이 표시됩니다.

커스텀 모드 Custom mode

커스텀 모드에서는 나만의 가사를 입력하거나, 심플 모드보다 복잡하고 상세한 프롬프트를 작성할 수 있습니다. 또한 오디오 업로드, 페르소나 등의 다양한 고급 기능을 제공합니다.

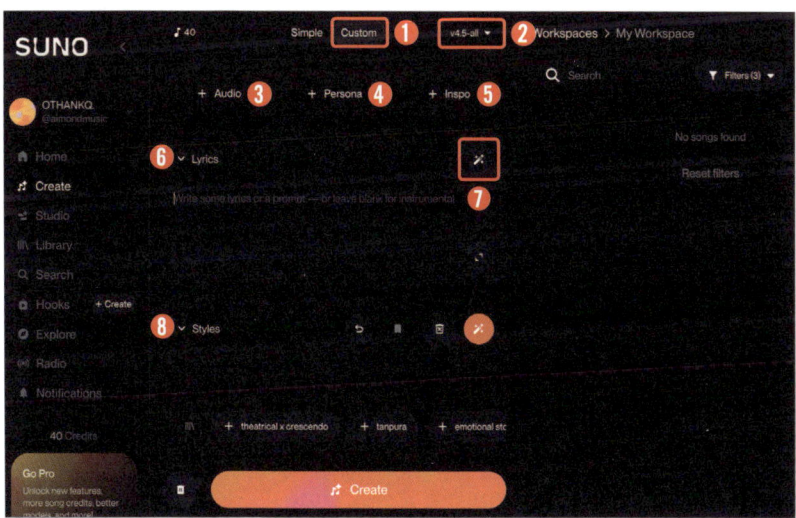

▲ Create 화면의 커스텀 모드

❶ **Custom:** 클릭하면 심플 모드에서 커스텀 모드로 전환됩니다. 만약 커스텀 모드에 대한 튜토리얼이 표시된다면 **[Get Started]** 버튼을 클릭하세요.

❷ **Version:** 음악을 생성할 Suno의 모델 버전을 선택할 수 있습니다. 무료 사용자는 v4.5-all, 유료 구독 플랜에서는 최신 버전인 v5까지 사용할 수 있습니다.

❸ **Audio:** 오디오 파일을 업로드하면 해당 오디오를 기반으로 음악이 생성됩니다.

❹ **Persona:** 저장된 페르소나를 불러옵니다. 페르소나는 마음에 드는 음악의 보컬이나 스타일을 저장하는 기능으로, 이를 활용하면 유사한 스타일의 음악을 반복해서 생성할 수 있습니다. 유료 구독 플랜에서만 지원됩니다.

❺ **Inspo:** 생성한 플레이리스트를 기반으로 비슷한 분위기, 템포, 악기 구성의 음악을 만들 수 있습니다. 유료 구독 플랜에서만 지원됩니다.

❻ **Lyrics:** 최대 5,000자까지 노래의 가사를 입력할 수 있습니다. 한글 입력도 가능하며, 입력하지 않으면 보컬이 없는 인스트루멘탈 음악이 생성됩니다.

❼ **Magic Lyrics:** Suno의 가사 자동 생성 기능입니다. 자세한 사용 방법은 063쪽을 참고하세요.

❽ **Styles:** 원하는 음악 스타일을 입력합니다. 스타일 프롬프트에는 음악의 장르, 길이, 분위기, 악기, 보컬 스타일 등 다양한 요소가 포함되며, 최대 1,000자까지 입력할 수 있습니다. 스타일 프롬프트를 입력하면 **[Magic Styles]** 아이콘이 활성화되며, 클릭하면 AI가 사용자의 프롬프트를 수정, 보완해 줍니다.

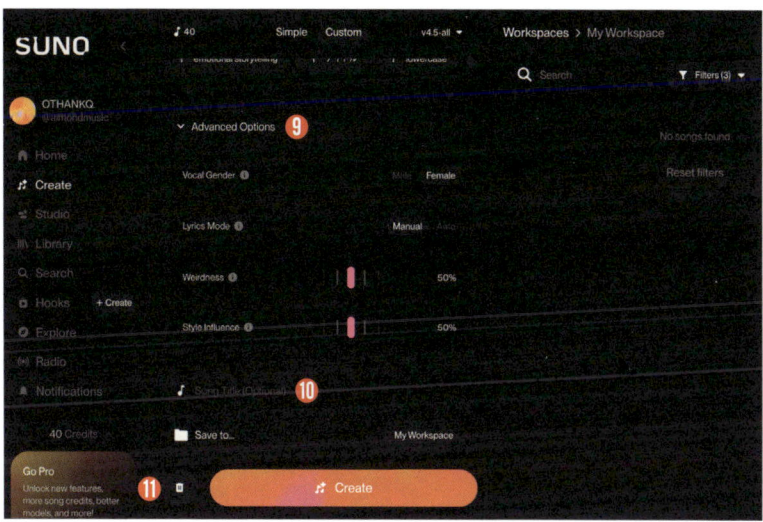

▲ Create 커스텀 모드

❾ **Advanced Options:** 향상된 고급 옵션입니다. 음악에서 제외할 스타일 요소(Exclude styles), 보컬의 성별(Vocal Gender), 가사 자동 작성(Lyrics Mode), 의외성(Weirdness), 프롬프트의 영향력(Style Influence)을 설정할 수 있습니다. 일부 기능은 유료 구독 플랜에서만 지원됩니다.

❿ **Song Title & Workspace:** 음악의 제목과 저장 위치를 지정합니다.

⓫ **Clear All:** 지금까지 입력한 내용을 초기화합니다.

음악과 팔로워를 관리하는 Library 화면

Library 화면에서는 지금까지 생성한 음악들을 확인하고 관리할 수 있습니다. 또한, 나만의 플레이리스트를 만들어 공개하거나, 페르소나, 커버 아트 등을 관리할 수도 있습니다.

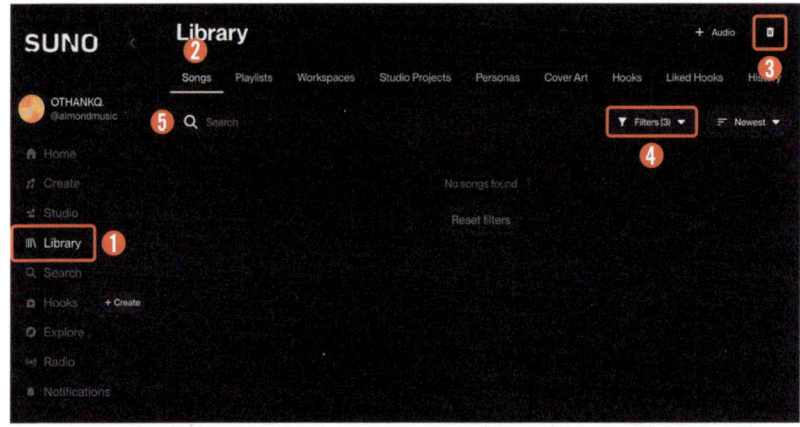

▲ Library 화면

❶ **Library:** 클릭하면 Library 화면으로 이동합니다.

❷ **Navigation Tabs:** 각 탭을 클릭하면 사용자가 생성한 음악(Songs)부터 플레이리스트(Playlists), 페르소나(Persona) 등을 확인하고 관리할 수 있습니다.

❸ **Trash:** 음악 목록에서 각 음악의 우측 끝에 [:] 아이콘을 클릭한 후 [Move to Trash]를 선택하면 해당 음악을 삭제할 수 있습니다. [Trash] 아이콘을 클릭하면 삭제한 음악을 확인할 수 있는 휴지통 화면이 열리고, 음악을 영구 삭제하거나 Library로 되돌릴 수 있습니다.

❹ **Filters:** 생성한 음악 중 '좋아요'를 누른 음악(Liked), 생성한 음악 중 다른 사용자에게 공개된 음악(Public) 등을 필터링해서 볼 수 있습니다.

❺ **Search:** 생성한 음악의 제목이나 스타일, 가사를 검색할 수 있습니다.

🎵 스타일 프롬프트를 모아 보는 Explore 화면

좌측 탭 목록에서 [Explore]를 클릭하면 다음과 같이 다른 사용자가 음악을 만들면서 사용한 스타일 프롬프트들을 한 눈에 볼 수 있습니다. 새로운 음악 장르를 탐색하는 데 유용합니다.

▲ Explore 화면

❶ **Tags:** 클릭한 태그로 생성된 음악이 재생됩니다.

❷ **주사위 아이콘:** 태그 중 하나가 무작위로 재생됩니다.

❸ **Create with v5:** Create 화면으로 이동합니다.

❹ **Suno:** Home 화면으로 이동합니다.

> **TIP 그 외 기타 탭**
> - [Studio]: 작곡 소프트웨어(DAW)와 유사한 기능을 제공하는 전문가용 도구로, 정밀한 음악 생성 및 수정이 가능합니다. 프리미어 플랜 이상에서만 지원됩니다.
> - [Search]: 공개된 음악의 제목이나 플레이리스트, 사용자 이름으로 검색할 수 있습니다.
> - [Radio]: 사용자 맞춤형 실시간 음원 스트림을 지원합니다.
> - [Hooks]: 사용자 음악에 영상을 더해 숏폼 콘텐츠를 제작하고, Suno 커뮤니티에 공유할 수 있습니다.

LESSON 02
Suno로 빠르게 완성하는 나만의 음악

Suno의 기본 화면 구성을 살펴봤으니, 이제 각 기능들을 직접 사용해서 나만의 음악을 만들어 볼까요?

♪ 심플 모드로 음악 생성하기

심플 모드는 원하는 음악 스타일과 가사 내용을 짧은 문장으로 입력하여 빠르고 손쉽게 음악을 생성할 수 있는 기능으로, 구체적인 아이디어가 없는 스케치 단계에서 사용하면 무척 유용합니다. Suno의 심플 모드에서 간단한 재즈 음악을 만들어 보겠습니다.

01 Suno에서 ❶ [Create] 탭을 클릭하여 Create 화면을 열고, ❷ Song Description에 음악의 주제와 분위기, 장르를 대략적으로 입력합니다. 아주 짧은 문장을 입력해도 좋고, 생각나는 단어를 단순히 나열해도 괜찮습니다. 예를 들어 다음과 같이 입력할 수 있습니다.

예시	비 오는 날의 기억에 관한 로맨틱한 재즈 음악
	주제 분위기 장르

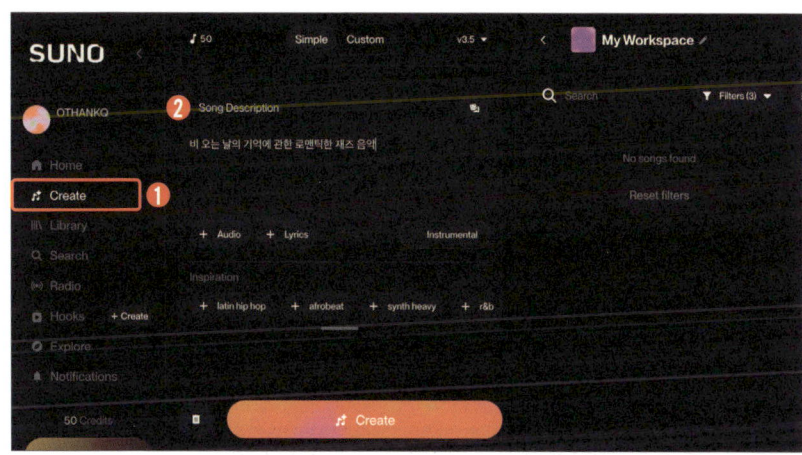

02 프롬프트 입력이 끝나면 ❶ [Create] 버튼을 클릭합니다. ❷ 크레딧이 차감되며 음악 생성이 시작되고, ❸ 잠시 기다리면 생성이 완료된 2개의 음악이 Create 화면 우측 생성 목록에 표시됩니다.

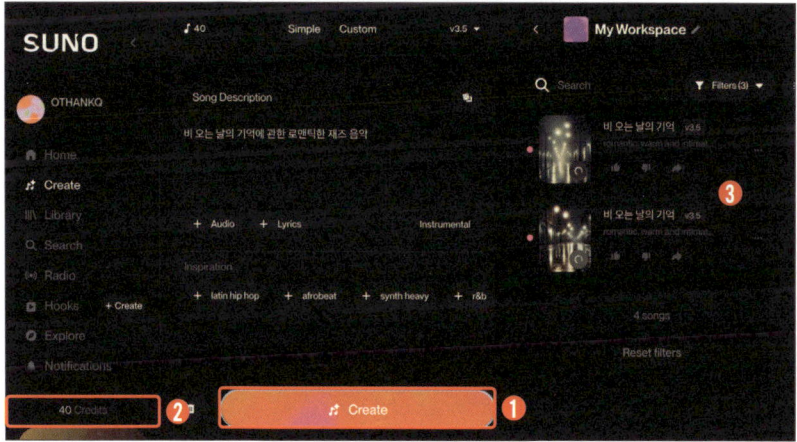

TIP Suno는 음악을 생성하는 데 한 곡당 5크레딧이 소요됩니다. 하지만 자세히 살펴보면 [Create] 버튼을 클릭한 후 10크레딧이 차감된 것을 확인할 수 있습니다. 이는 사용자의 의사와 관계없이 Create당 자동으로 2곡씩 생성되기 때문입니다.

LESSON 02 Suno로 빠르게 완성하는 나만의 음악 **061**

03 생성된 음악의 제목을 클릭하면 상세 정보를 확인할 수 있습니다. ❶ 앨범 커버, ❷ 제목, ❸ 가사, 그리고 ❹ romantic, warm and intimate atmosphere와 같이 음악을 생성하는 데 실제 사용된 프롬프트입니다. 참고로 해당 프롬프트는 앞서 입력한 '비 오는 날의 기억에 관한 로맨틱한 재즈 음악'이라는 문장을 AI가 분석하여 재구성한 결과입니다. 이처럼 AI는 보다 정확한 결과를 위해 프롬프트를 자체적으로 수정하고 개선하는 리라이팅(Re-writing) 과정을 거칩니다.

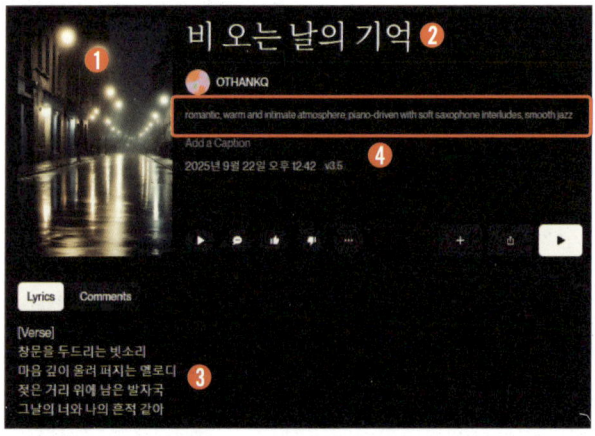

TIP 프롬프트를 한글로 입력하면 한글 가사가, 영어로 입력하면 영어 가사가 생성됩니다. 다만, 영어로 입력했을 때 더 좋은 결과를 얻을 수 있으므로, 가능하면 프롬프트를 영어로 입력하는 것이 좋습니다. 영어 작문에 익숙하지 않다면 네이버나 구글 등에서 제공하는 번역 서비스를 이용하거나, ChatGPT에 한글로 프롬프트를 입력한 후 영어로 번역을 요청합니다.

예시 비오는 날의 기억에 관한 로맨틱한 재즈 음악
Romantic jazz music about memories of a rainy day
분위기   장르   주제

커스텀 모드로 음악 생성하기

커스텀 모드에서는 사용자가 가사를 직접 입력하거나 구체적인 음악 스타일을 설정하는 등 고급 기능을 활용해 보다 완성도 높은 음악을 생성할 수 있습니다. 이번에는 커스텀 모드를 활용해 로파이 힙합 음악을 만들어 보겠습니다.

01 Create 화면에서 [Custom]을 클릭해 커스텀 모드를 활성화합니다. 만약 팝업 창이 열리면 [X]를 눌러 닫거나 [Get Started] 버튼을 클릭하면 됩니다.

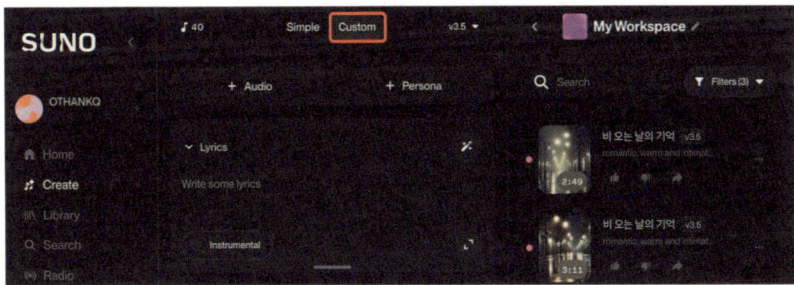

02 Lyrics에 가사를 입력합니다. 앞서 ChatGPT를 활용해 완성한 가사를 입력해도 좋고, 자동 가사 작성 기능으로 새로운 가사를 만들 수도 있습니다. 여기서는 [Magic Lyrics] 아이콘을 클릭한 후 [Write Full Song]을 선택해 보겠습니다. 완성한 가사를 입력했다면 곧바로 08번 과정으로 넘어가세요.

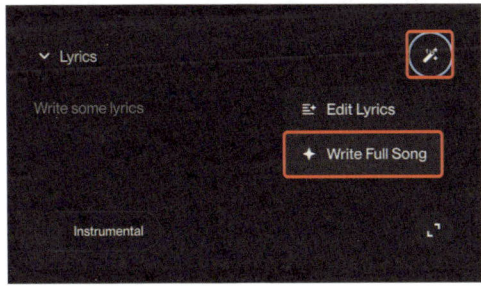

03 아래와 같은 팝업 창이 열리면 ❶ 원하는 가사의 주제나 줄거리를 입력한 후 ❷ [Write Lyrics] 버튼을 클릭합니다. 만약 아무것도 입력하지 않고 [Write Lyrics]를 클릭하면, AI가 주제부터 가사까지 자동으로 생성해 줍니다.

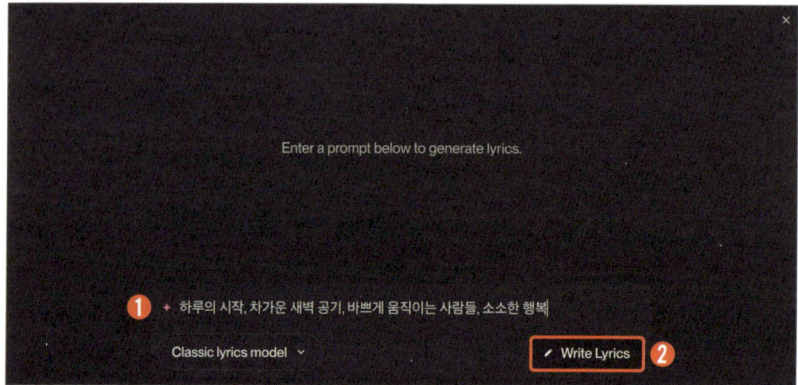

04 입력한 프롬프트에 따라 두 종류의 가사가 생성됩니다. 생성된 가사를 확인하고 마음에 드는 가사에 있는 [Select This Option] 버튼을 클릭합니다.

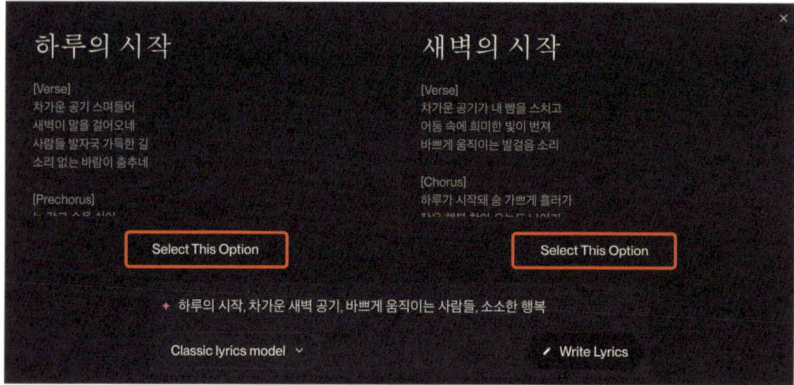

05 선택한 가사가 Lyrics에 입력된 것을 확인할 수 있습니다. 이번에는 새로운 가사를 추가하거나, 가사 중 일부를 수정하기 위해 ❶ [Magic Lyrics] 아이콘을 클릭한 후 ❷ [Edit Lyrics]를 선택해 보겠습니다.

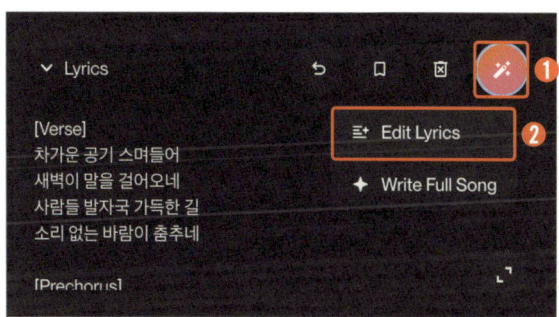

06 ❶ 새로운 가사 추가 위치에 커서를 놓고 [Spacebar] 또는 임의 글자를 입력한 뒤, 드래그하면 예시처럼 핑크색으로 표시됩니다. ❷ 원하는 가사 내용을 입력하고 ❸ 실행 버튼을 클릭하면 새로운 가사가 생성됩니다.

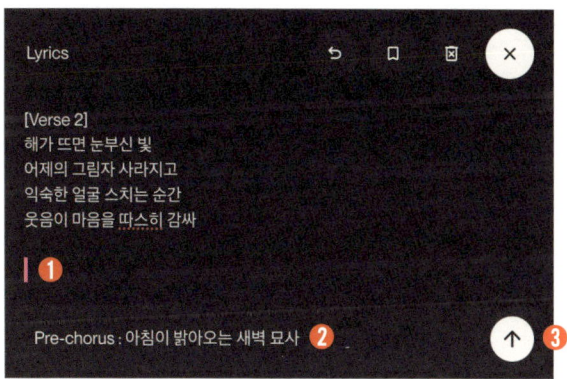

> **TIP** 프롬프트를 입력하지 않고 그대로 실행하면 AI가 판단하여 자동으로 가사를 생성해 줍니다. 실수로 기존 가사가 모두 지워졌다면 [Ctrl]+[Z]를 눌러 되돌릴 수 있습니다.

07 가사 중 일부를 수정할 때에는 ❶ 해당 범위를 드래그해 핑크색으로 선택하고 ❷ 프롬프트 입력란에 수정할 내용을 입력한 뒤 ❸ 실행 버튼을 클릭합니다. 가사 수정을 마쳤다면 ❹ [X]를 클릭하여 변경된 내용을 저장합니다

> **TIP** 인공지능이 생성해 준 가사를 그대로 사용해도 좋지만 좀 더 완성도 높은 음악을 만들고 싶다면 앞서 [LESSON 02 스케치한 가사 완성하기] 내용을 참고하여 가사를 정리해 보세요.

08 다음으로 Styles 입력란에 원하는 음악 스타일을 입력합니다. 스타일 프롬프트에는 장르를 비롯해 분위기, 악기, 보컬 스타일 등 다양한 요소가 포함됩니다. 여기서는 로파이 힙합 음악을 생성하기 위해 다음과 같이 입력했습니다.

> **TIP** 스타일 프롬프트는 긴 문장보다는 핵심 단어를 나열하는 방식이 훨씬 효율적이고 효과적입니다. 각 단어는 위 예시처럼 쉼표로 구분하여 입력하면 됩니다.

09 끝으로 ❶ 노래 제목을 입력한 후 ❷ [Create] 버튼을 클릭합니다. ❸ 화면 우측 생성 목록에 2개의 새로운 음악이 추가됩니다.

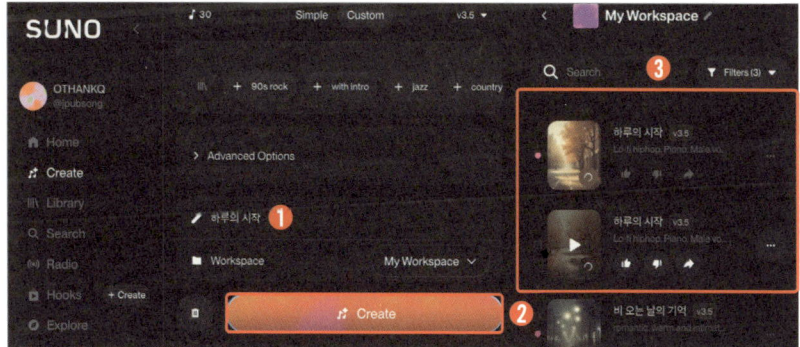

10 생성한 음악의 제목을 클릭해 상세 정보를 확인해 보세요. 제목 하단의 프롬프트를 살펴보면 심플 모드 때와 달리 Styles에 입력한 내용이 그대로 표시된 것을 확인할 수 있습니다. 이처럼 커스텀 모드에서는 AI가 프롬프트를 리라이팅하지 않고 사용자가 입력한 값을 그대로 반영하기 때문에 더 구체적이고 다양한 음악적 시도를 할 수 있습니다.

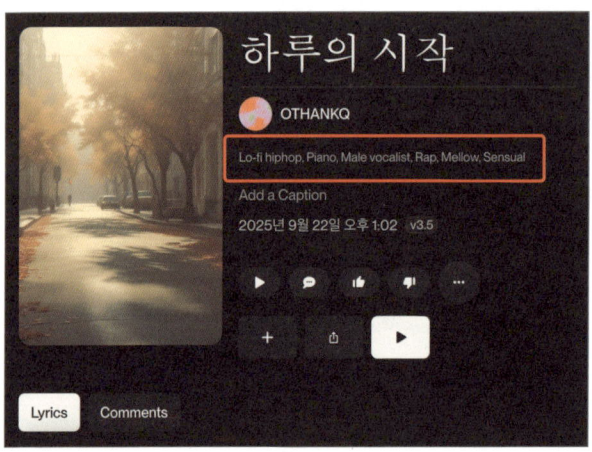

심플 모드에서 생성한 음악	커스텀 모드에서 생성한 음악
입력한 스타일 프롬프트: 비 오는 날의 기억에 관한 로맨틱한 재즈 음악	**입력한 스타일 프롬프트:** Lo-fi hiphop, Piano, Male vocalist, Rap, Mellow, Sensual
실제 음악 생성에 사용된 태그: 	**실제 음악 생성에 사용된 태그:** 

🎵 내가 가진 오디오로 음악 생성하기

멋진 베이스 샘플을 발견했나요? 혹은 마음에 드는 멜로디 라인이 떠올랐나요? 그렇다면 Suno의 Audio 기능을 활용해 보세요. Audio 기능은 내가 가진 오디오 파일을 업로드하면 Suno가 해당 오디오를 분석하고 이를 바탕으로 음악을 생성해 주는 기능입니다. Audio 기능을 활용해 트로피컬 하우스 음악을 만들어 보겠습니다.

01 Create 화면의 Custom 모드에서 상단에 있는 ❶ [Audio] 버튼을 클릭한 후 ❷ [Upload]를 선택합니다.

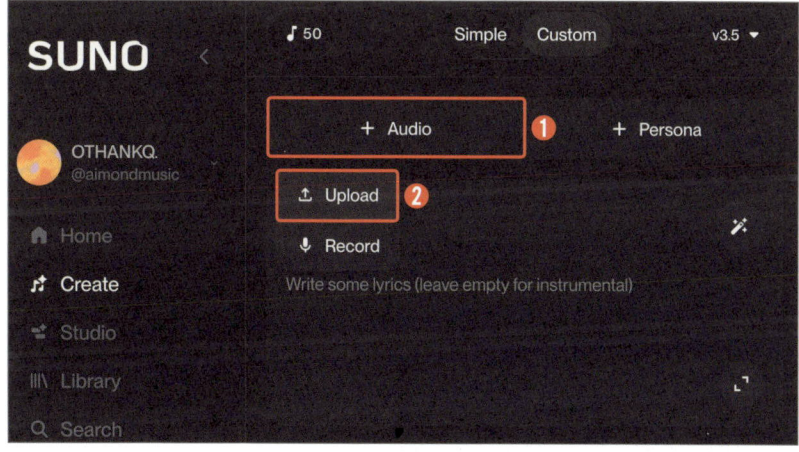

> **TIP** [Audio] 버튼을 클릭한 후 [Record]를 선택하면 오디오를 직접 녹음하여 사용할 수도 있습니다.

02 오디오 파일을 선택할 수 있는 팝업 창이 열리면 사용할 오디오 파일을 찾아 선택해서 엽니다.

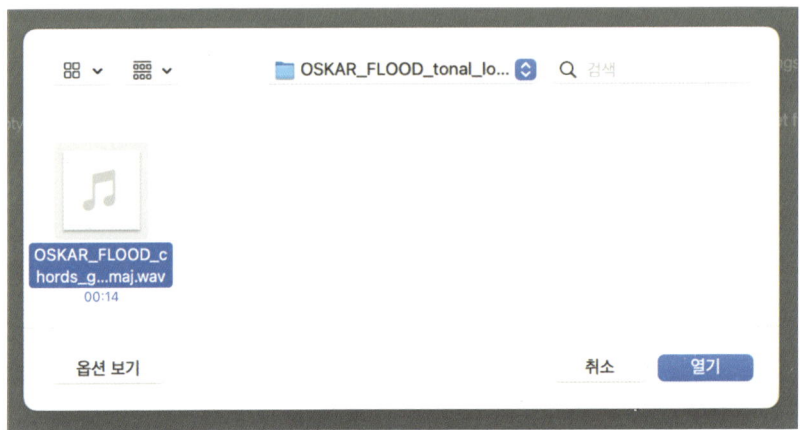

03 파일을 열면 아래와 같은 저작권 관련 안내가 표시됩니다. 내용을 확인한 후 동의한다면 [Agree to Terms] 버튼을 클릭해 다음 단계로 넘어갑니다.

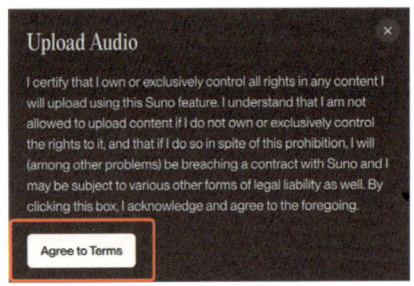

> **TIP** 여기서 이야기하는 '콘텐츠'에는 오디오뿐만 아니라 가사 등 사용자가 입력할 수 있는 모든 형태의 자료가 포함됩니다. 위 내용을 요약하면 다음과 같습니다.
> 'Suno에 업로드하는 모든 콘텐츠에 대해, 사용자는 저작권을 직접 소유하거나 저작권 문제가 없어야 하며, 문제가 발생할 경우 Suno는 이에 대해 어떠한 책임도 지지 않는다.'

04 오디오 파일이 업로드되면 ❶ 음악에 사용할 오디오 구간을 설정합니다. 오디오 길이는 최소 6초에서 최대 1분(유료 플랜은 최대 8분)까지 선택할 수 있습니다. ❷ 구간 선택을 마쳤다면 [Save] 버튼을 클릭합니다.

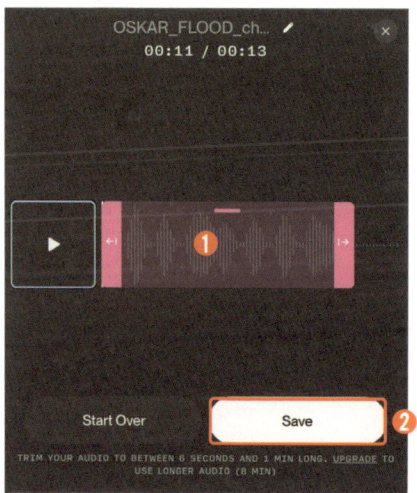

05 ❶ 업로드가 완료될 때까지 기다리거나, ❷ [Continue] 버튼을 클릭합니다.

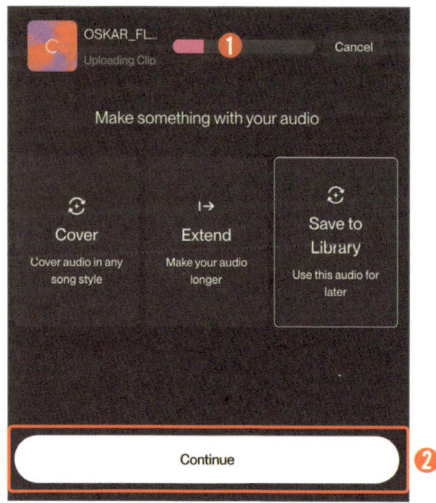

06 업로드가 끝나면 Create 화면 우측 생성 목록이나 Library에서 업로드한 오디오를 확인할 수 있으며, 제목 옆에 'Uploaded'라고 표시됩니다.

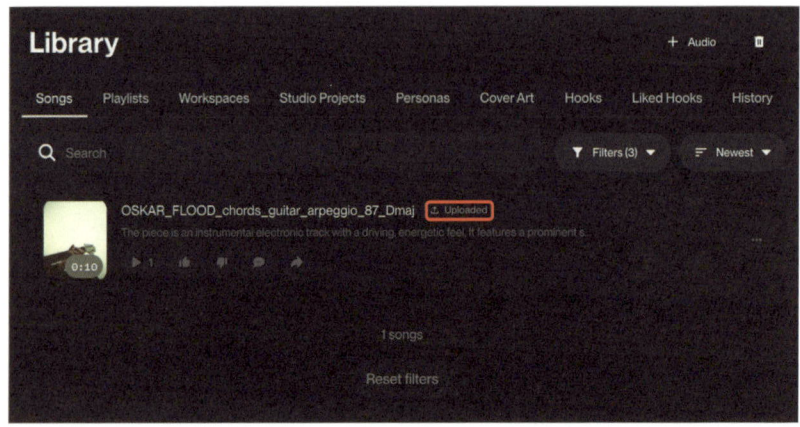

07 업로드한 오디오 파일을 활용해 새로운 음악을 생성해 보겠습니다. ❶ [⋯] 아이콘을 클릭한 뒤, ❷ [Remix/Edit]-[Cover]를 선택합니다.

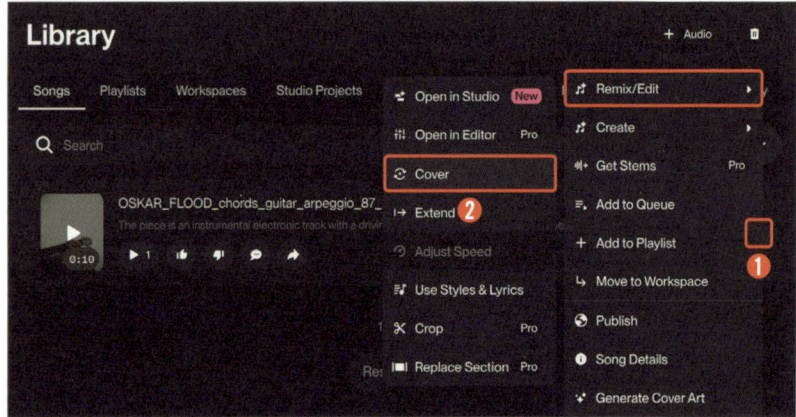

08 Cover 화면이 열리면 앞서 실습한 커스텀 모드 내용을 참고하여 새로운 가사와 프롬프트를 입력합니다. 여기서는 트로피컬 하우스 음악을 생성하기 위해 Styles에 다음과 같이 작성했습니다.

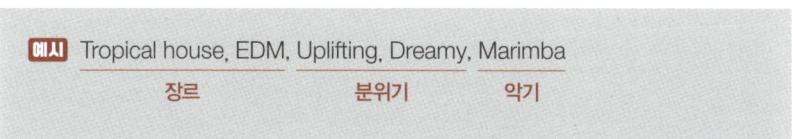

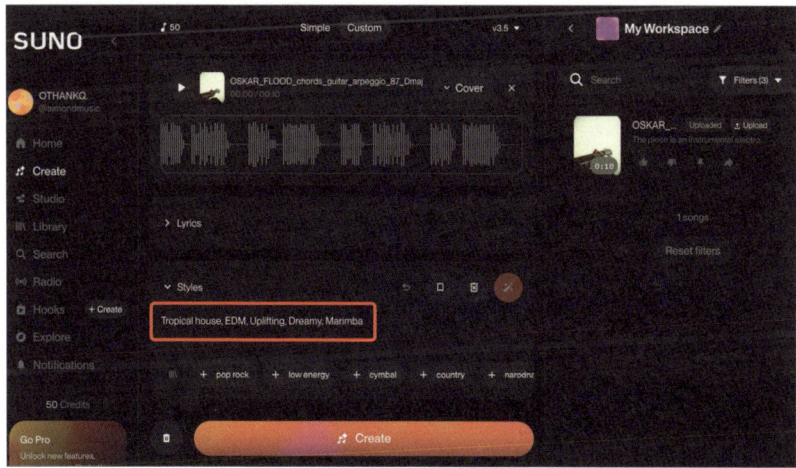

> **TIP** Cover는 기존 음악의 핵심 멜로디를 참고해 새로운 음악을 재창작하는 기능입니다. 지금처럼 오디오 샘플 이용하기, 완성된 음악의 장르 바꾸기, 인스트루멘탈 음악에 보컬 추가하기 등 다양한 방식으로 활용할 수 있습니다.

09 마지막으로 ❶ 제목을 입력한 후 ❷ [Create] 버튼을 클릭하면 음악이 생성됩니다.

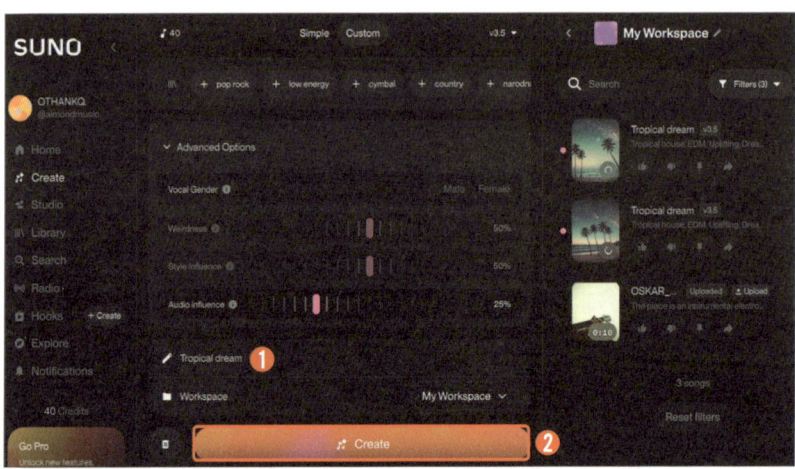

10 생성이 완료된 음악의 제목을 클릭해서 상세 정보를 확인해 보세요. Cover를 통해 생성된 음악임을 알 수 있도록 아래와 같이 원본 음악 또는 오디오 정보가 함께 표시됩니다.

LESSON 03
생성한 음악 수정하기

지금까지 Suno를 이용해 완성한 음악을 재생해 보세요. 조금씩 아쉬운 부분이 있을 겁니다. 이때 Suno의 Remix/Edit 기능을 활용하면 음악의 길이를 연장하거나 가사를 수정하는 등 사용자가 원하는 스타일에 더욱 가까운 음악을 완성할 수 있습니다.

🎵 음악의 길이 연장하기

완성된 음악에 새로운 파트를 추가해 음악의 길이를 연장하고 싶다면 Extend 기능을 활용할 수 있습니다. 아래 예시의 구조를 가진 기존 음악에 브리지와 코러스 파트를 추가해 음악의 길이를 연장해 보겠습니다.

```
          (1절)                      (2절)
예시  Verse1—Pre-chorus—Chorus—Verse2—Pre-chorus—Chorus

    + Bridge—Chorus
```

01 Library에서 길이를 연장하고 싶은 음악의 ❶ [···] 아이콘을 클릭한 후
❷ [Remix/Edit] - [Extend]를 선택합니다.

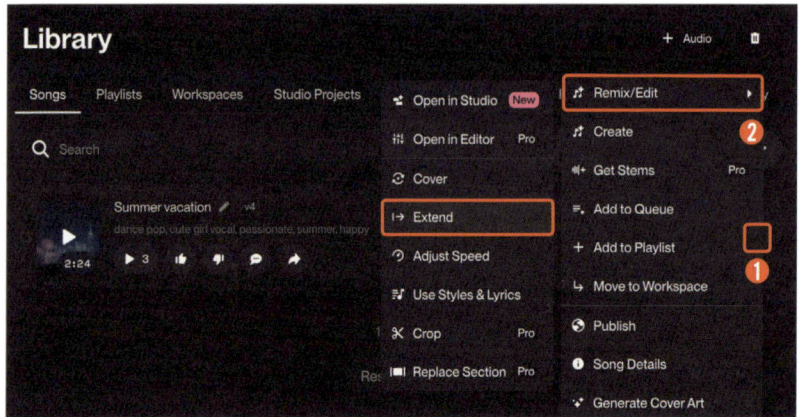

> **TIP** Extend는 사용자가 지정한 특정 지점을 기준으로 새로운 음악을 생성하는 기능입니다. 주로 새로운 파트를 추가해 음악의 길이를 연장할 때 사용하지만, 파트를 대폭 줄이거나, 갑작스러운 장르 전환 또는 분위기 반전을 줄 때와 같이 다양하게 활용할 수 있습니다.

02 Extend 화면이 열리면 ❶ 재생 아이콘을 눌러 음악을 들어보면서, ❷ 기존 음악에서 유지할 부분(KEEP)과 새로운 파트로 추가할 부분(RECREATE)을 핑크색과 회색으로 구분합니다. 예시에서는 2절 코러스가 끝나고 브리지가 추가될 가장 자연스러운 지점으로 1분 58초 위치에 바를 표시했습니다.

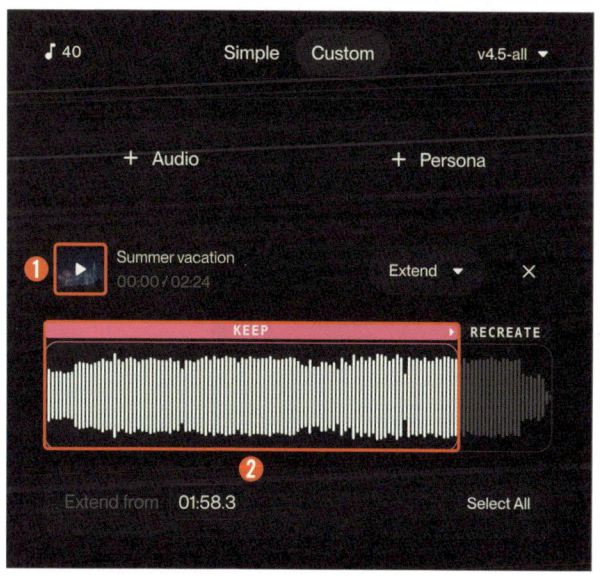

TIP 추가 위치를 Extend from에 '분:초' 형식으로 직접 입력할 수도 있습니다. 이때, 새로운 파트가 추가될 지점보다 1초 정도 빠른 시간으로 입력하면 좀 더 자연스럽습니다.

03 다음으로 Lyrics에 새롭게 추가할 파트의 가사를 입력합니다. 이때 가사에 **[Bridge]**, **[Chorus]**, **[Outro]** 등의 메타 태그를 포함하면 더욱 안정적인 결과를 얻을 수 있습니다.

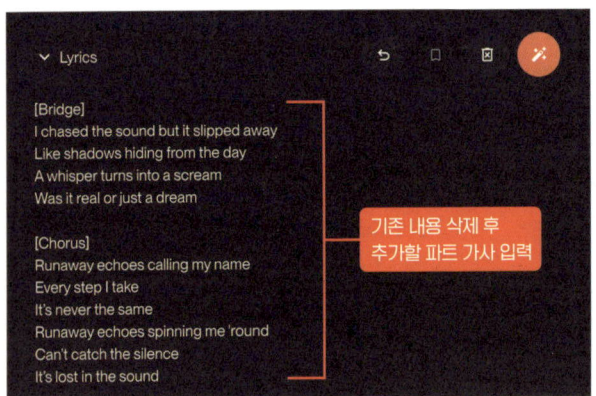

> **TIP** 노래 전체 가사가 아닌 Extend from에 표시된 1분 58초 이후에 나올 브리지와 코러스의 가사만 입력합니다.

04 이어서 Style에 새롭게 추가할 파트의 스타일 프롬프트를 입력합니다. 원곡의 분위기를 이어가고 싶다면 기존 프롬프트를 그대로 유지하면 됩니다.

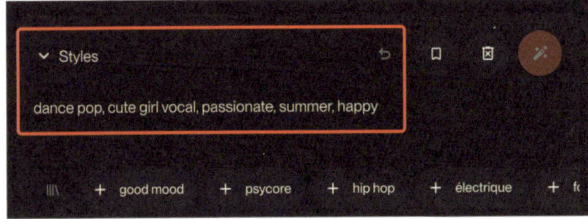

05 마지막으로 ❶ 제목을 입력한 후 ❷ [Create] 버튼을 클릭하면 음악이 생성됩니다.

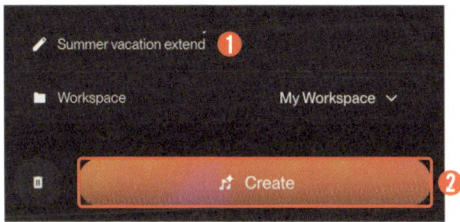

06 Library에 2개의 새로운 음악이 추가되며, ❶ 제목 옆에 'Part2'라는 라벨이 표시됩니다. 기존 음악과 추가한 파트를 하나로 합치기 위해 ❷ 'Part2' 라벨이 표시된 새로운 음악 중 마음에 드는 것을 골라 [...] 아이콘을 클릭한 후 [Create]-[Get Full Song]을 선택합니다.

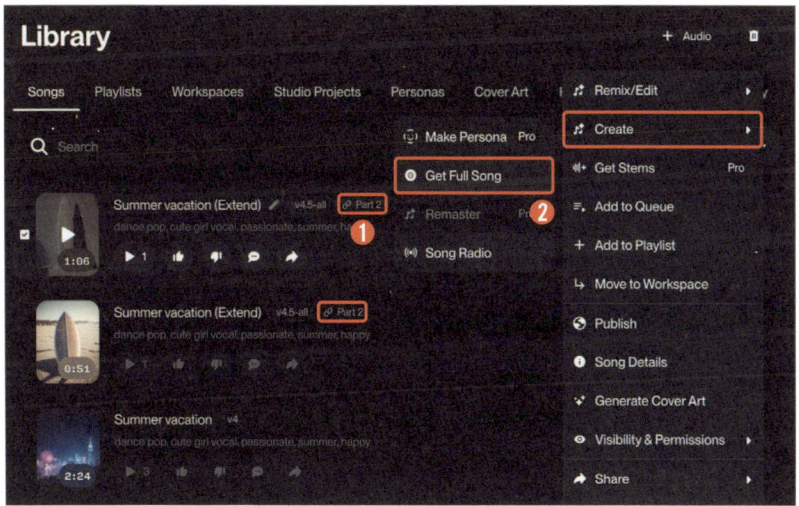

07 원곡(1분 58초)과 새로운 음악(1분 6초)이 합쳐져 총 3분 4초 길이의 음악이 완성되었습니다. 이렇게 Extend와 Get Full Song 과정을 거쳐 최종 완성된 음악에는 'Full Song' 라벨이 표시됩니다.

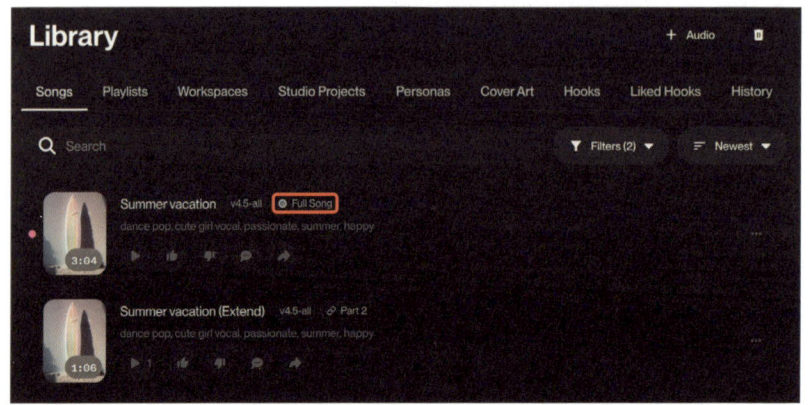

> **TIP** 두 음악을 하나로 합치는 Get Full Song 과정에는 크레딧이 소모되지 않습니다.

가사 수정하기

노래의 가사를 수정하고 싶다면 Suno의 Extend와 Song Editor 기능을 활용할 수 있습니다. 각 기능을 활용해 아래와 같이 2절 벌스의 가사 일부를 수정해 보겠습니다.

[Verse2]	[Verse2]
매서운 겨울 바람도	매서운 겨울 바람도
엄마의 잔소리에도	엄마의 잔소리에도
서로를 감싸안던 온기로	**군고구마 하나만 있으면**
우리는 행복했었지	우리는 행복했었지

Extend를 활용하는 방법

Extend는 음악의 길이를 연장하는 데 목적이 있지만, 작동 원리를 이해한다면 가사 수정에도 활용할 수 있습니다. Extend의 기본 원리는 원본 음악의 앞부분, 즉 연장 지점 직전까지의 음악을 AI가 참고하여 그 다음 부분을 생성하는 방식입니다. 예를 들어, 2분 길이의 음악에서 Extend 지점을 [02:00]으로 설정하면, AI는 해당 음악 전체를 참고하여 연속성 높은 음악을 생성합니다. 반면 [00:01]를 설정했다면 시작 부분 1초만 참고하므로, 기존과 전혀 다른 음악이 생성될 가능성이 높습니다. 따라서 Extend 기능으로 가사를 수정할 때는 1절보다는 2절 가사 수정에 더 적합합니다. 1절의 가사를 수정할 경우 가사뿐 아니라 멜로디나 보컬 등 다른 음악 요소들이 함께 변경될 확률이 높기 때문입니다.

01 Library에서 가사를 수정하고 싶은 음악의 ❶ [⋯] 아이콘을 클릭한 후 ❷ [Remix/Edit]-[Extend]를 선택합니다.

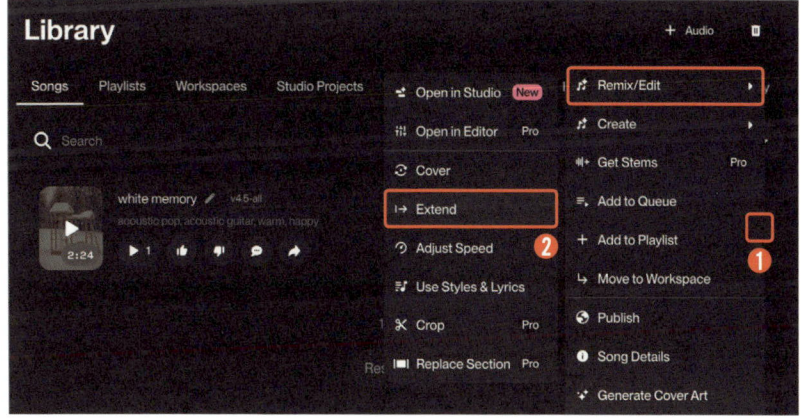

02 Extend 화면이 열리면 ❶ 재생 아이콘을 눌러 음악을 들어보면서, ❷ 가사를 수정할 파트의 시작 직전 위치로 핑크색 바를 움직여 유지할 부분(KEEP)과 수정할 부분(RECREATE)를 구분합니다. 예시에서는 벌스2 노래가 시작되는 지점인 1분 30초로 옮겼습니다.

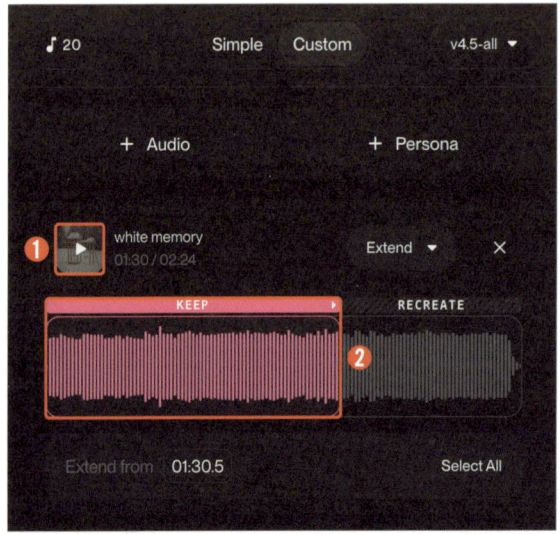

> **TIP** 수정할 가사의 정확한 위치가 아니라, 해당 가사가 포함된 파트 전체가 시작되는 지점을 설정해야 합니다.

03 Lyrics에서 수정한 가사가 포함된 파트부터 이어지는 전체 가사를 입력합니다. 이때 [Verse repeat], [Pre-chorus repeat], [Chorus repeat] 등의 메타 태그를 사용하면 1절의 멜로디가 반복되어 기존 음악의 느낌을 최대한 유지할 수 있습니다.

잘못된 예시	올바른 예시
[Verse repeat] 매서운 겨울 바람도 엄마의 잔소리에도 군고구마 하나만 있으면 우리는 행복했었지	[Verse repeat] 매서운 겨울 바람도 엄마의 잔소리에도 군고구마 하나만 있으면 우리는 행복했었지 [Pre-chorus repeat] 첫 눈 내리면 그때 그 친구들 다들 잘 지내고 있을까 가끔 생각이나 그리워 밤새 눈싸움 날리던 밤 [Chorus repeat] 첫눈, 눈사람, 눈싸움, 붕어빵 손 시려워도 행복했던 눈 오는 날이면 마음 설레던 어린 시절 그리워지네

> **TIP** 기억하세요. 수정할 부분의 가사만 입력하는 것이 아닌 Extend 이후에 나올 모든 가사를 입력해야 합니다.

04 다음으로 Styles에 추가하고 싶은 스타일 프롬프트가 있다면 입력합니다. 기존 음악의 분위기를 이어가고 싶다면 현재의 프롬프트를 그대로 유지하면 됩니다.

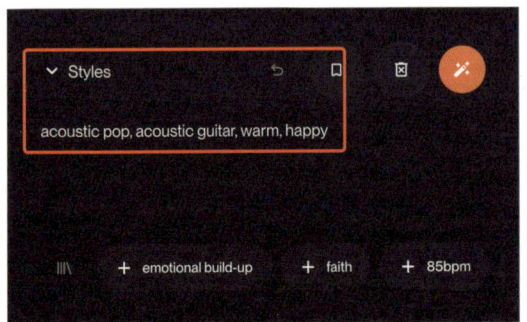

05 끝으로 ❶ 제목을 입력한 후 ❷ [Create] 버튼을 클릭해 음악을 생성합니다.

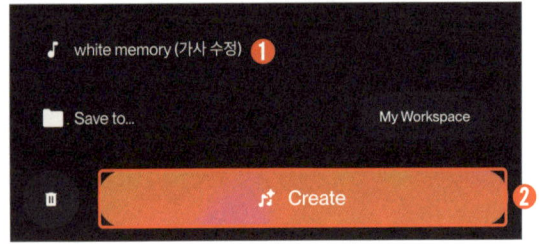

06 생성이 완료되면 마음에 드는 음악의 […] 아이콘을 클릭한 후 [Create – Get Full Song]을 선택합니다.

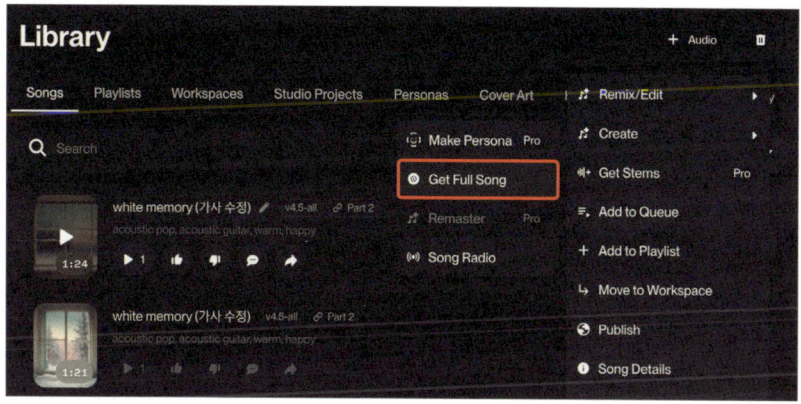

07 원곡의 1절 분량(1분 30초)과 수정된 2절 음악(1분 24초)이 합쳐져, 총 2분 54초 길이의 음악이 완성되었습니다. 마찬가지로 제목 오른쪽에 'Full Song' 라벨이 표시됩니다.

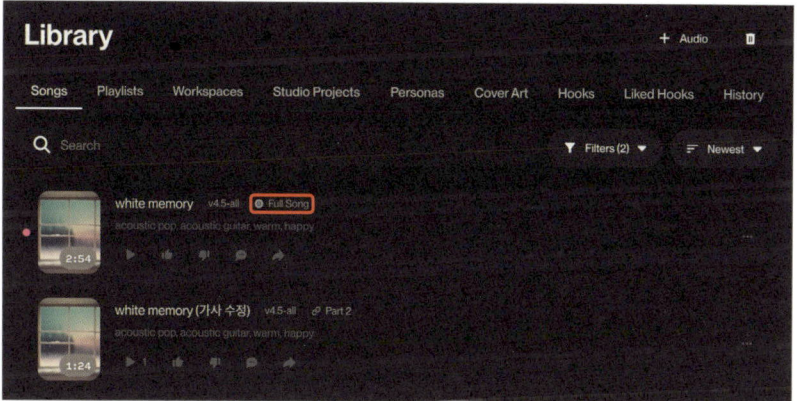

> **TIP** 완성된 음악의 상세 정보를 확인해 보면 원래 가사와 수정된 가사가 함께 표시되어 있는 것을 볼 수 있습니다. 이는 Get Full Song 과정에서 발생하는 자연스러운 현상으로, 디스플레이용 가사는 편집 및 수정 과정을 거치면서 실제 음악의 가사와 다르게 보일 수 있습니다. 필요할 경우, [Edit Displayed Lyrics] 버튼을 클릭하여 직접 수정할 수 있습니다.

Song Editor로 가사 수정하기

Song Editor는 Extend의 한계를 보완한 Suno의 최신 음악 편집 도구입니다. 사용자가 지정한 것 이외에는 영향을 주지 않기 때문에 위치와 상관없이 원하는 구간을 자유롭게 수정할 수 있습니다. 해당 기능은 유료 사용자에게만 제공됩니다.

01 가사를 수정할 음악의 ❶ [···] 아이콘을 클릭한 후 ❷ [Remix/Edit] – [Open in Editor]를 선택합니다.

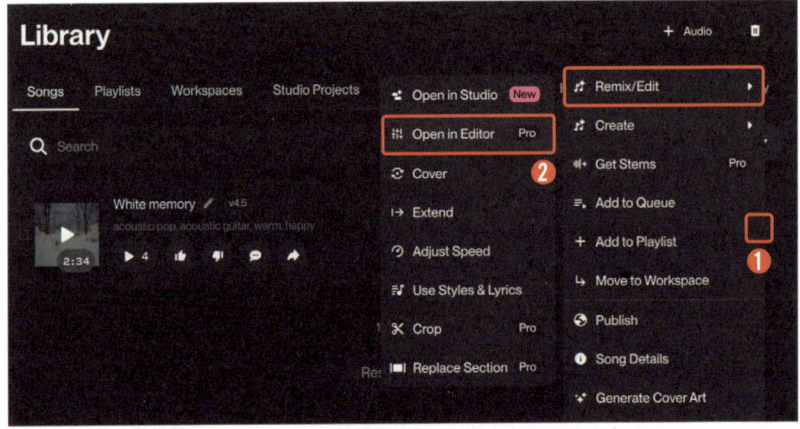

> **TIP** [Edit] 버튼은 유료 사용자에게만 표시됩니다.

02 Song Editor 화면에 처음 접속했다면 **[Hide Tips]**을 눌러 튜토리얼 창을 닫고, ❶ 수정할 가사를 찾아서 드래그하여 선택한 후 ❷ **[Replace Lyrics]**를 클릭합니다.

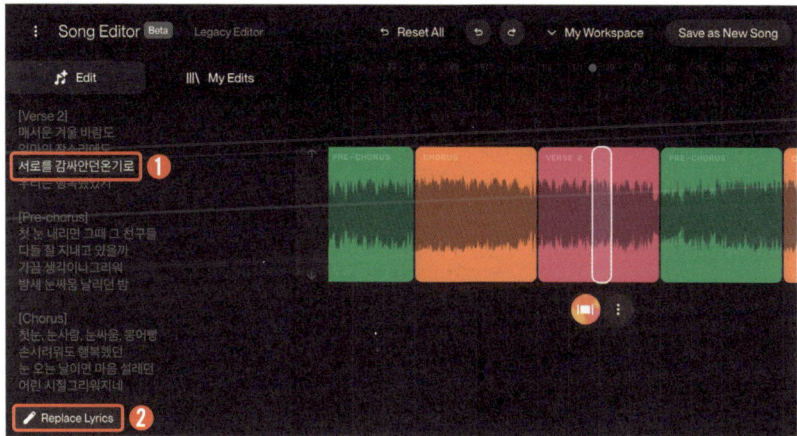

03 `Spacebar`를 누르면 선택한 구간의 음악이 재생됩니다. 음악을 들으면서 가사와 음악이 맞게 매칭되어 있는지 확인합니다. 이어서 ❶ New Lyrics에 수정할 가사를 입력하고 ❷ **[Replace]** 버튼을 클릭합니다.

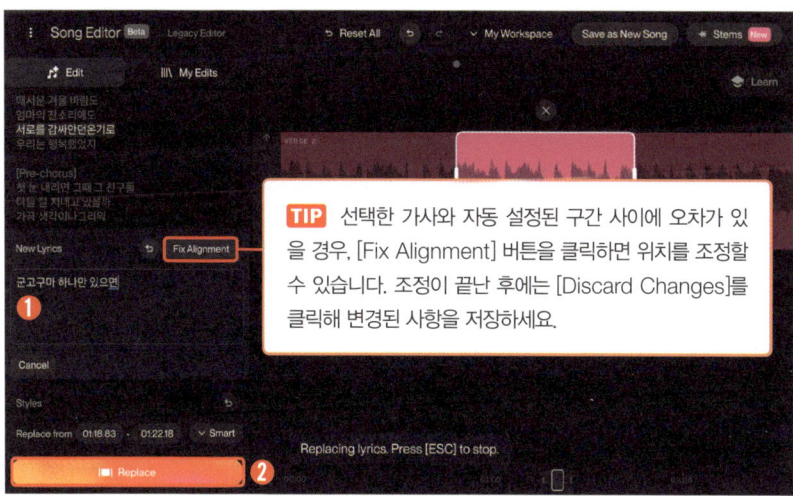

TIP 선택한 가사와 자동 설정된 구간 사이에 오차가 있을 경우, [Fix Alignment] 버튼을 클릭하면 위치를 조정할 수 있습니다. 조정이 끝난 후에는 [Discard Changes]를 클릭해 변경된 사항을 저장하세요.

04 잠시 기다리면 해당 구간에 2개의 새로운 음악이 생성됩니다. 각 음악을 들어 본 후 마음에 드는 음악의 [Commit] 버튼을 클릭합니다. 만약 마음에 드는 결과가 없다면 [Regenerate] 버튼을 클릭해 다시 생성할 수 있습니다.

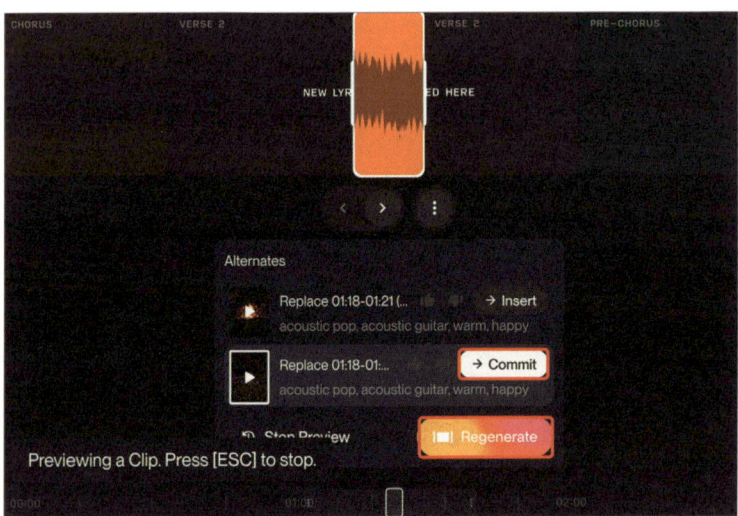

05 수정이 끝나면 화면 상단의 [Save as New Song] 버튼을 클릭하여 Library에 저장합니다.

🎵 음악의 구조 변경하기 유료

Song Editor 기능(유료)은 가사 수정 이외에도 특정 구간의 음악 스타일을 바꾸거나 음악의 구조를 재구성할 때에도 유용한 도구입니다. 예를 들어, 기존 곡의 분위기를 유지하면서 일부 파트에 새로운 스타일을 적용하거나, 불필요한 구간을 삭제하고 새로운 파트를 삽입하는 등의 작업을 할 수 있습니다.

특정 구간 스타일 변경하기

01 Song Editor 화면에서 ❶ 변경할 파트를 클릭하거나 드래그하여 구간을 선택합니다. 선택이 완료되면 ❷ Styles에 새로운 프롬프트를 입력한 후, ❸ [Replace] 버튼을 클릭합니다.

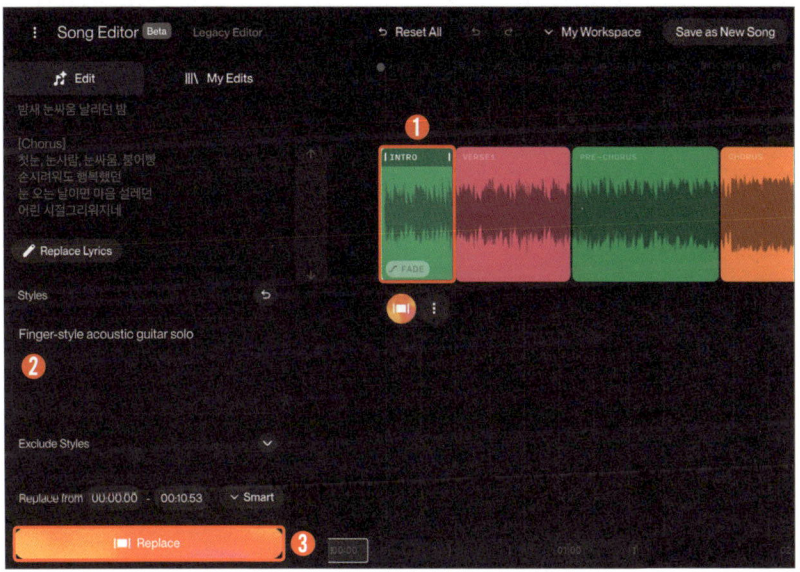

> **TIP** ❶ 수정할 음악의 [⋯] 아이콘을 클릭한 후 ❷ [Remix/Edit] – [Open in Editor]를 선택하면 Song Editor 화면이 열립니다.

02 새로운 음악이 생성되면 ❶ 마음에 드는 것을 골라 [Commit] 버튼을 클릭합니다. 마음에 드는 결과가 없다면 [Regenerate] 버튼을 눌러 다시 생성하거나, [Original Audio] 버튼을 클릭해 처음 상태로 되돌릴 수 있습니다. ❷ 선택을 완료한 후에는 [Save as New Song] 버튼을 클릭해 음악을 저장하거나, [ESC]를 눌러 다른 작업을 이어갑니다.

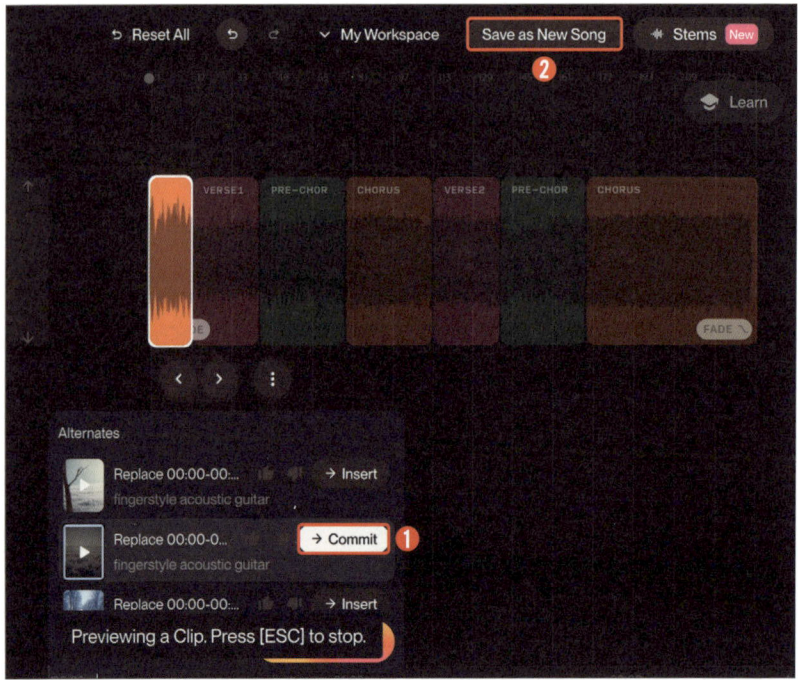

불필요한 구간 삭제하기

파트 전체 삭제 Song Editor 화면에서 파트 블록 상단에 있는 이름 부분을 클릭하고 Delete 를 누릅니다.

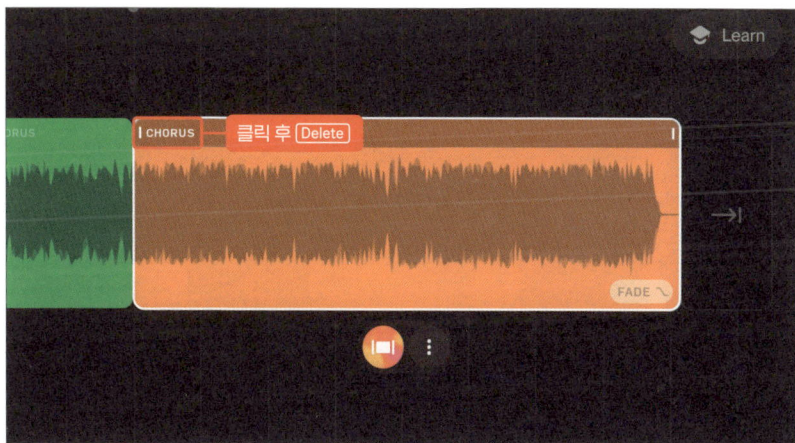

특정 구간 삭제 삭제하고 싶은 구간을 마우스로 드래그하여 선택합니다. 이때, Ctrl 을 누른 상태로 드래그하면 더 정교하게 선택 구간을 조절할 수 있습니다. 구간을 선택한 후 Delete 를 눌러 삭제합니다.

새로운 파트 추가하기

Song Editor에서는 Extend처럼 음악을 뒤로 이어 붙이는 것뿐만 아니라, 음악의 시작이나 중간에도 새로운 파트를 추가할 수 있습니다.

01 Song Editor 화면에서 새로운 파트 추가 위치를 선택합니다. 선택한 위치가 분리된 파트와 파트 사이라면 [+] 아이콘이 표시됩니다.

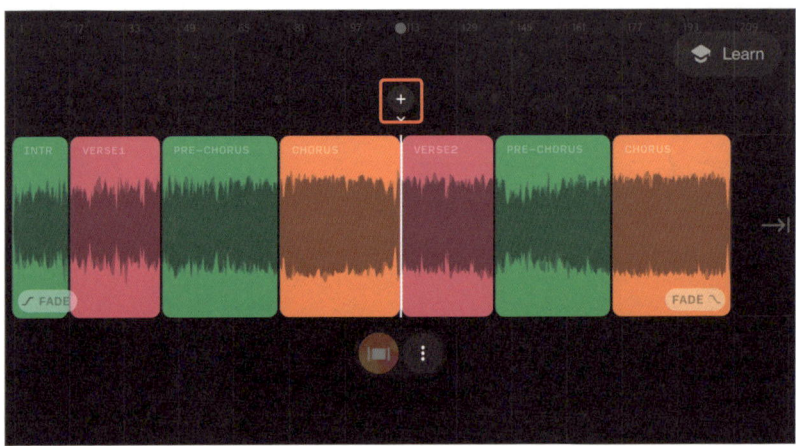

02 만약 파트 중간에 삽입하고 싶다면 해당 파트를 분리해야 합니다. ❶ 원하는 위치를 클릭해 흰색 바를 배치한 후 마우스 우클릭하여 ❷ [Split]을 선택합니다. 위치를 선택한 후 단축키 [Ctrl]+[E]를 눌러도 됩니다. ❸ 선택한 위치에 [+] 아이콘이 활성화됩니다.

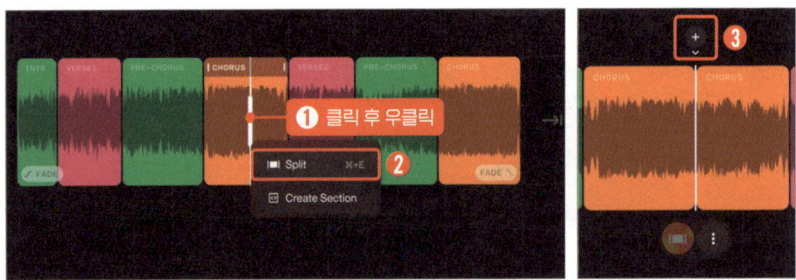

03 ❶ [+] 아이콘을 클릭하여 새로운 파트를 추가한 후 마우스로 길이를 조절합니다. ❷ 해당 파트에 들어갈 가사와 스타일 프롬프트까지 입력한 뒤 ❸ [Create] 버튼을 클릭하면 음악이 생성됩니다.

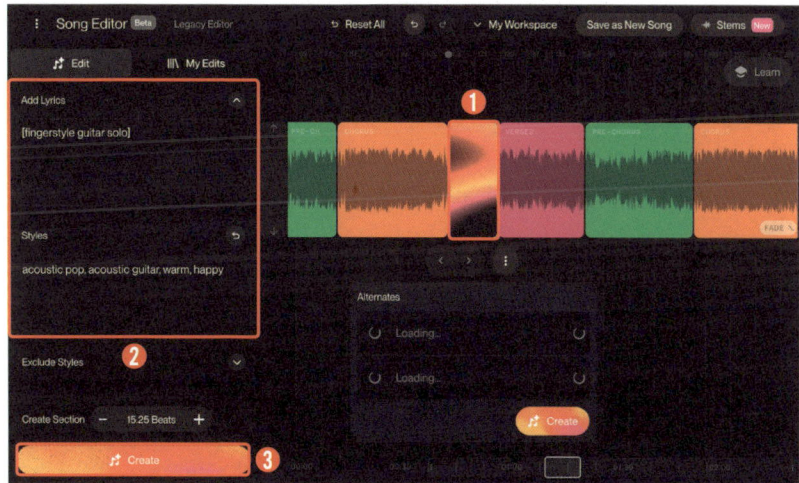

LESSON 03 생성한 음악 수정하기 **093**

04 새롭게 생성된 음악 중 마음에 드는 것을 골라 ❶ [Commit] 버튼을 클릭하고, ❷ [Save as New Song] 버튼을 클릭해 저장합니다.

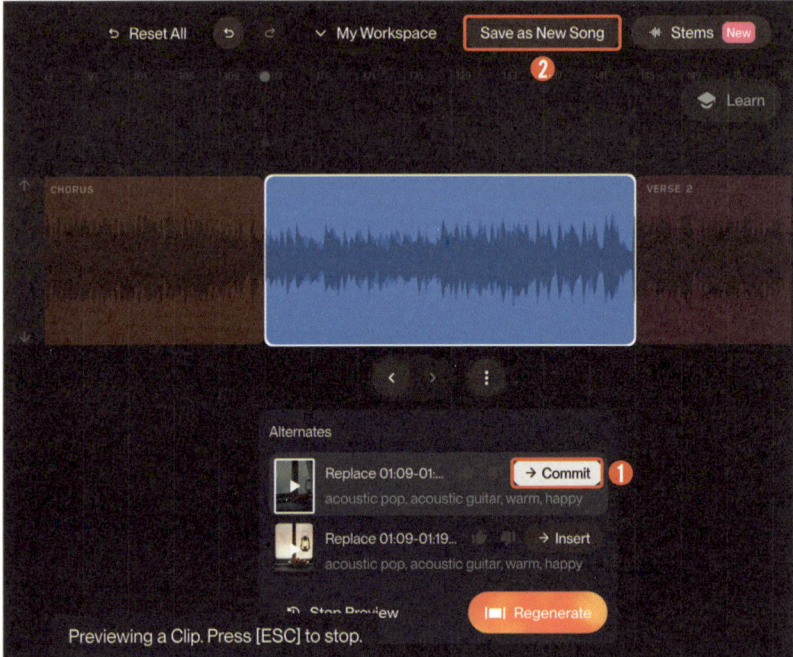

파트 위치 변경하기

파트의 위치를 변경하거나 이동하고 싶다면 파트 블럭 상단의 이름 부분을 클릭한 채 원하는 위치로 드래그하면 됩니다. 단축키 [Ctrl]+[C](복사), [Ctrl]+[V](붙여넣기), [Ctrl]+[X](잘라내기)를 사용할 수도 있습니다.

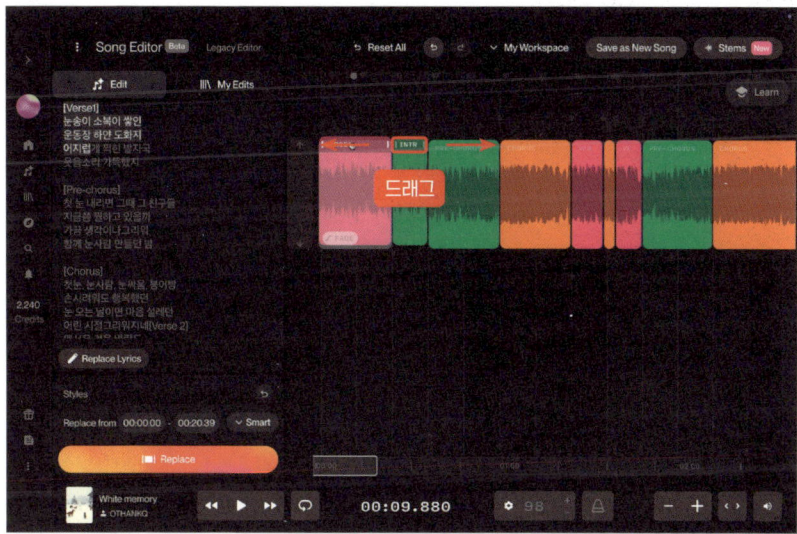

음악의 길이 연장하기

01 ❶ 음악이 끝나는 지점의 오른쪽에 있는 화살표 모양의 **[Extend]** 아이콘을 클릭하고, ❷ 연장할 지점을 그림과 같이 표시합니다.

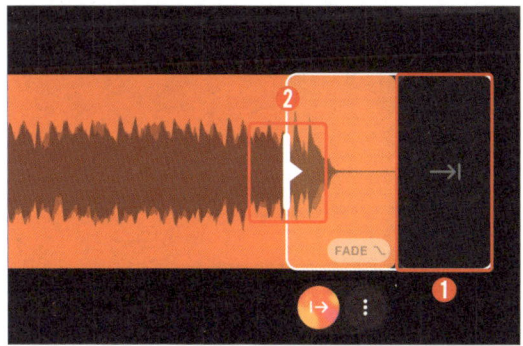

02 ❶ [Replace Lyrics]를 클릭해 연장할 파트의 가사와 프롬프트를 입력한 뒤 ❷ [Extend] 버튼을 클릭해 음악을 생성합니다.

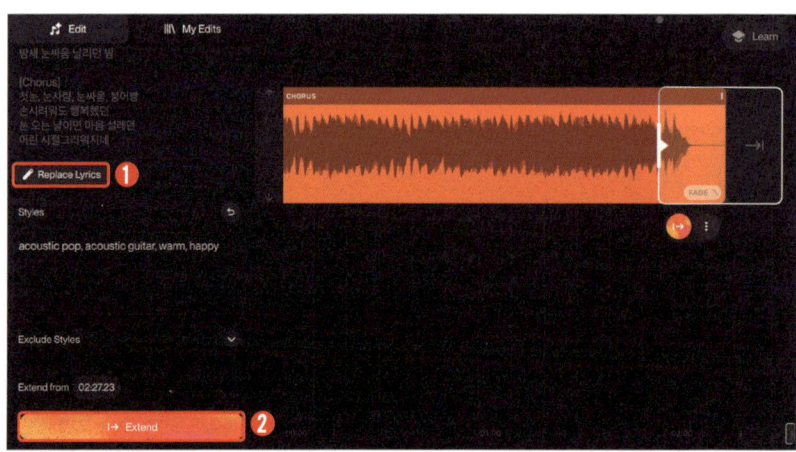

03 새롭게 생성된 음악 중 마음에 드는 것을 골라 [Commit] 버튼을 클릭하고, [Save as New Song] 버튼을 클릭해 저장하면 완성입니다.

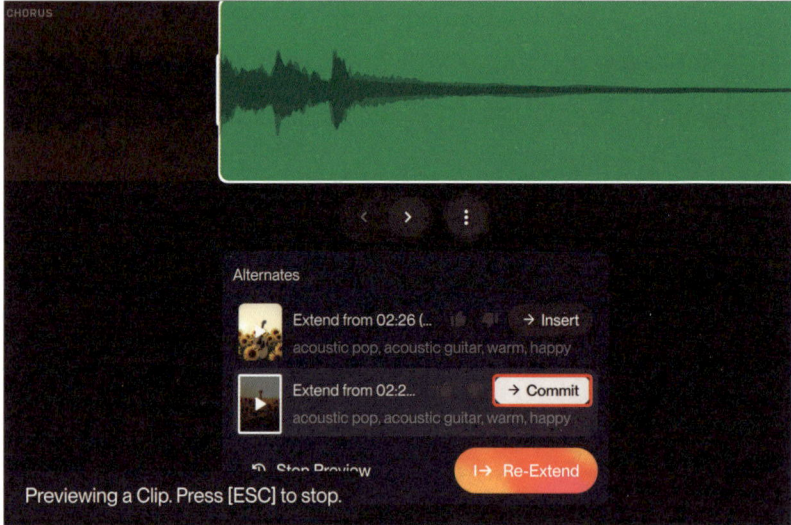

CHAPTER

05

Text to Music 최강자, Udio

뛰어난 음질과 다양한 기능으로 Text to Music 분야에서 최강이라고 평가받는
Udio의 기능과 사용법에 대해 알아보겠습니다.

Lesson 01 Udio의 화면 구성 살펴보기

Lesson 02 Udio에서 나만의 음악 생성하기

Lesson 03 생성한 음악 수정하기

LESSON 01
Udio의 화면 구성 살펴보기

회원가입 절차부터 각 화면의 주요 기능까지, Udio로 음악을 생성하는 데 필요한 기본적인 요소들을 살펴보겠습니다.

♫ Udio 회원으로 가입하기

Udio(https://www.udio.com/)에 접속한 후 회원으로 가입하기 위해 화면 우측 상단에 있는 [Sign Up] 버튼을 클릭합니다.

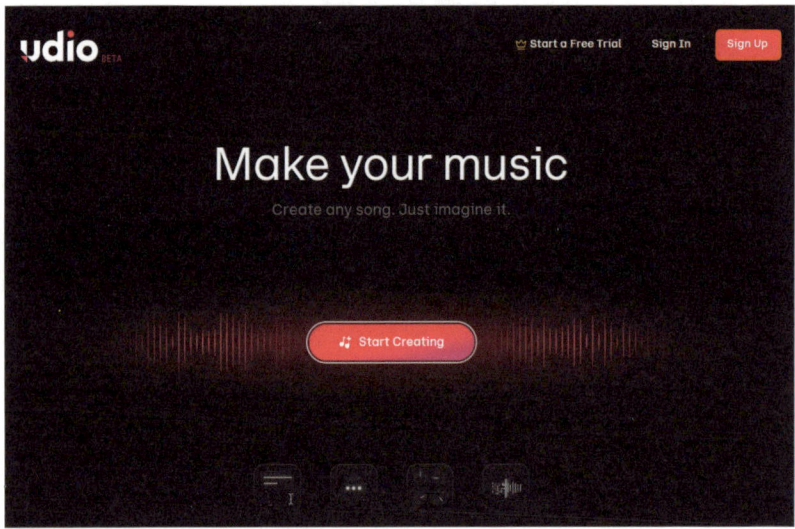

▲ Udio 홈 화면과 회원가입 버튼

❶ 회원가입은 [구글], [디스코드], [X](구 트위터), [애플] 계정과 연동할 수 있으며, ❷ 이메일로도 가입할 수 있습니다. 이어서 ❸ Udio에서 사용할 닉네임을 영어 또는 영어와 숫자 조합으로 입력한 후 ❹ [Create Profile]을 클릭하면 가입이 완료됩니다.

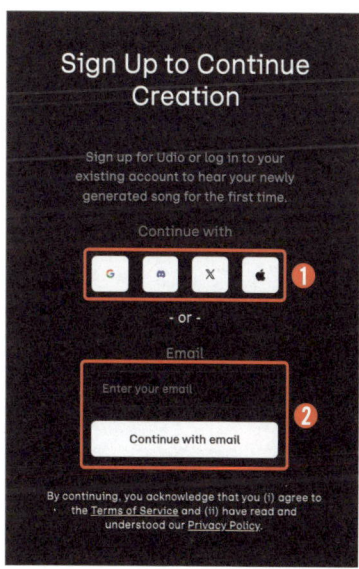
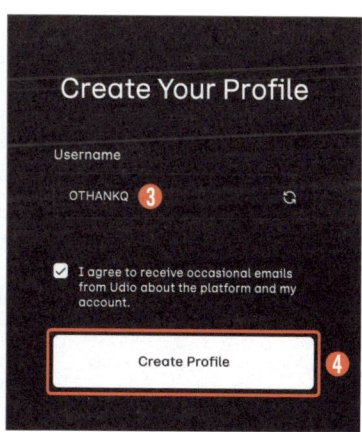

▲ 회원으로 가입하기

TIP 닉네임 입력란 아래쪽의 체크박스는 이메일 수신에 동의 여부입니다.

♪ 사용자들의 음악을 찾아 감상하는 Home 탭

아래는 Udio에 로그인하면 처음 표시되는 Home 화면으로, Udio 사용자들이 만든 다양한 음악을 장르, 아티스트, 인기 순위 등 테마별로 검색하고 감상할 수 있습니다.

▲ Home 탭

❶ **Home:** 화면 왼쪽에서 [Home] 탭을 클릭하거나 왼쪽 위에 있는 [Udio] 아이콘을 클릭하면 Home 화면으로 이동할 수 있습니다.

❷ **검색:** 제목, 프롬프트에 특정 단어가 포함된 음악을 검색할 수 있습니다.

❸ **플레이리스트:** 다른 사용자들이 Udio로 만든 음악들을 장르별, 인기별, 카테고리별로 들을 수 있습니다. 앨범 커버를 클릭하면 음악이 재생되며, 노래의 제목을 클릭하면 해당 음악의 가사와 사용된 프롬프트를 확인할 수 있습니다.

❹ **프로필 아이콘:** 나의 계정 정보 및 프로필 정보를 확인하고 수정할 수 있습니다.

> **TIP** Udio의 다양한 탭
> - Styles: Udio에서 제공하는 다양한 음악 스타일을 참조로 음악을 생성할 수 있습니다.
> - Playground: Udio에서 제공하는 보컬과 음악 스타일을 조합해 음악을 생성할 수 있습니다.
> - Following: 내가 팔로우한 사용자가 만든 음악들을 모아서 볼 수 있습니다.
> - Updates: Udio의 새로운 업데이트 소식을 확인할 수 있습니다.

🎵 음악을 생성하는 Create 화면

좌측 메뉴에서 **[Create]** 탭을 클릭하면 음악을 생성할 수 있는 Create 화면으로 이동합니다. 무엇보다 **[Advanced Controls]** 항목에 있는 고급 옵션을 잘 이용할수록 원하는 음악에 더 가까운 결과물을 얻을 수 있습니다.

기본 옵션 살펴보기

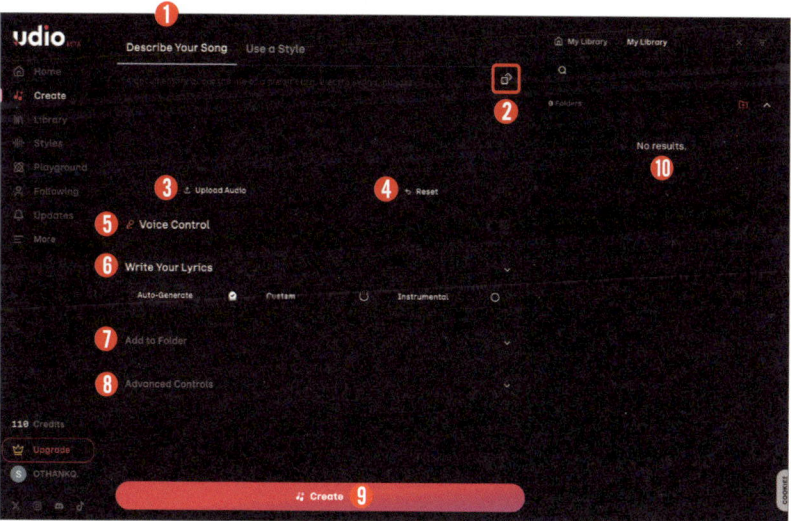

▲ Create 탭

LESSON 01 Udio의 화면 구성 살펴보기 **101**

❶ **Describe your song:** 프롬프트를 입력하는 영역입니다. 프롬프트에는 음악의 장르, 분위기, 악기, 보컬 스타일 등 다양한 요소를 포함할 수 있으며, 글자 수의 제한이 없습니다.

❷ **Randomize prompt:** 프롬프트를 랜덤하게 생성합니다.

❸ **Upload Audio:** 오디오 파일을 업로드하면 해당 오디오를 기반으로 새로운 음악을 생성할 수 있습니다. 유료 구독 플랜에서만 지원됩니다.

❹ **Reset:** 입력한 프롬프트를 초기화합니다.

❺ **Voice Control:** Udio에서 제공하는 다양한 보컬 스타일 중 원하는 보컬을 선택해 음악을 생성할 수 있습니다. 유료 구독 플랜에서만 지원됩니다.

❻ **Write Your Lyrics:** 가사 입력 방식을 선택합니다.
- **Auto-Generate:** 입력한 프롬프트를 바탕으로 AI가 가사를 작성해 줍니다. 프롬프트에 'Korean'을 추가하면 한국어 가사도 생성할 수 있습니다.
- **Custom:** 가사를 직접 입력합니다. 한국어로 입력할 수 있으며, 글자 수의 제한이 없습니다.
- **Instrumental:** 가창이 없는 인스트루멘탈 음악을 생성합니다.

❼ **Add to Folder:** 생성한 음악을 저장할 위치를 지정합니다.

❽ **Advanced Controls:** 음악을 생성하는 데 필요한 고급 옵션을 설정할 수 있습니다.

❾ **Create:** 프롬프트 입력 및 가사 입력 방식을 선택한 후 [Create] 버튼을 클릭하면 음악이 생성됩니다.

❿ **최근 생성 목록:** 최근 생성한 음악 목록이 표시됩니다.

고급 설정이 가능한 Advanced Controls

Advanced Controls에서는 고급 옵션을 설정하여 음악을 생성할 수 있습니다. 앞서의 기본 화면에서 [Advanced Controls] 항목을 클릭하면 다음과 같은 옵션이 펼쳐집니다.

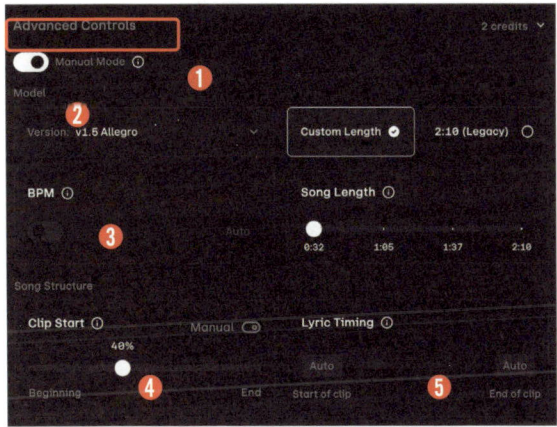

▲ Advanced Controls

❶ **Manual Mode:** 토글 스위치를 활성화하면 메뉴얼 모드(수동 모드)가 실행됩니다. 메뉴얼 모드는 Suno의 커스텀 모드와 유사합니다.

❷ **Model:** 음악을 생성하는 데 사용할 인공지능 모델을 선택합니다.
- **Version:** 최신 v1.5 Allegro 사용을 권합니다.
- **Custom Length:** 음악의 길이(Song Length)를 직접 설정할 수 있습니다. 곡의 일부를 생성하거나 확장할 때 유용하며, 설정한 길이가 길수록 더 많은 크레딧이 소모됩니다.
- **2:10(Legacy):** 길이가 2분 10초로 고정된 음악이 생성됩니다. 빠르게 완곡을 생성할 때 유용하며, 곡당 4크레딧이 소모됩니다. 무료 사용자는 남은 크레딧 수와 관계없이 하루 최대 3회까지 사용할 수 있습니다.

❸ **BPM:** 토글을 활성화하면 음악의 빠르기를 지정할 수 있습니다. 유료 구독 플랜에서만 지원됩니다.

❹ **Clip Start:** 전체 곡의 흐름에서 생성할 음악이 위치하는 지점을 설정합니다. 0%는 노래의 시작, 50%는 중간, 100%는 끝을 나타냅니다.

❺ **Lyric Timing:** 생성할 클립 내에서 가사가 시작되고 끝나는 타이밍을 설정합니다. [Auto] 버튼을 클릭하여 숫자가 표시되면 직접 지정할 수 있습니다.

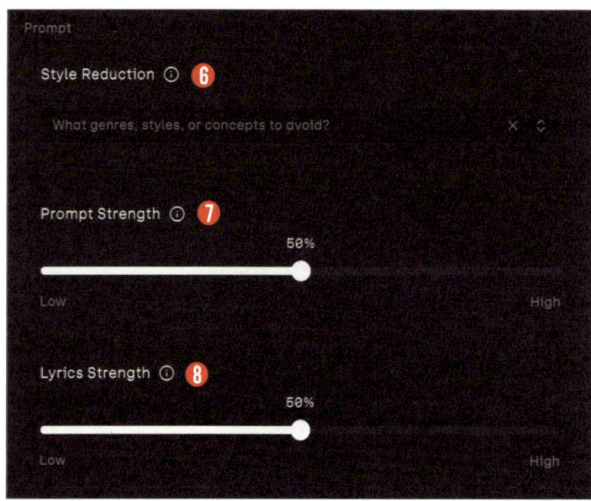

▲ Advanced Controls

❻ **Style Reduction:** 음악에서 제외할 요소를 지정할 수 있습니다. 유료 구독 플랜에서만 지원됩니다.

❼ **Prompt Strength:** 프롬프트가 음악에 미치는 영향력을 설정합니다. 값이 높을수록 입력한 프롬프트에 충실한 음악이 생성됩니다.

❽ **Lyrics Strength:** 입력한 가사가 음악에 미치는 영향력을 설정합니다. 값이 높을수록 Lyrics에 입력한 가사 그대로 음악에 반영되며, 값이 낮을수록 AI가 가사 일부를 변경할 수 있습니다.

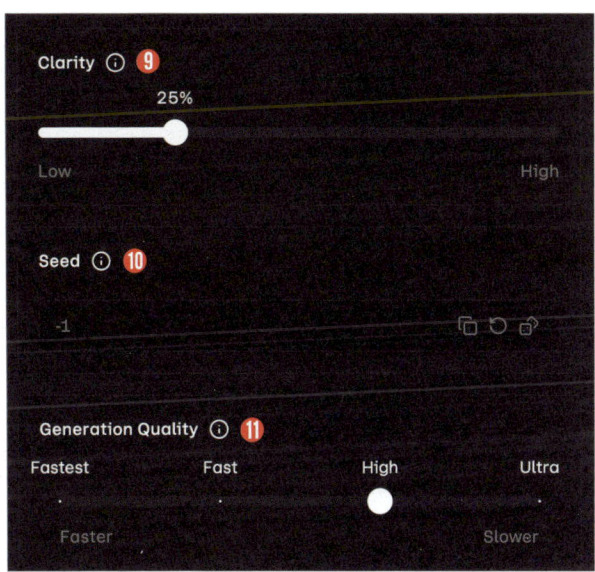

▲ Advanced Controls

❾ **Clarity:** 오디오의 선명도를 설정합니다. 값이 높을수록 오디오가 선명해지지만 자연스럽지 않게 들릴 수 있습니다.

❿ **Seed:** 음악 스타일을 정의하는 고유 번호입니다. -1은 랜덤값을 의미하며 같은 Seed를 사용하면 유사한 스타일의 음악을 반복해서 생성할 수 있습니다.

⓫ **Generation Quality:** 생성할 음악의 품질을 선택합니다. 오른쪽(Ultra)에 가까울수록 품질은 높아지지만 생성 속도가 느려집니다.

생성한 음악을 관리하는 Library 화면

좌측 메뉴에서 [Library] 탭을 클릭하면 사용자가 생성한 음악을 관리하는 화면이 열립니다. 음악을 폴더별로 정리할 수 있으며, 필요 없는 음악을 삭제하거나 실수로 삭제한 음악을 되돌릴 수 있습니다.

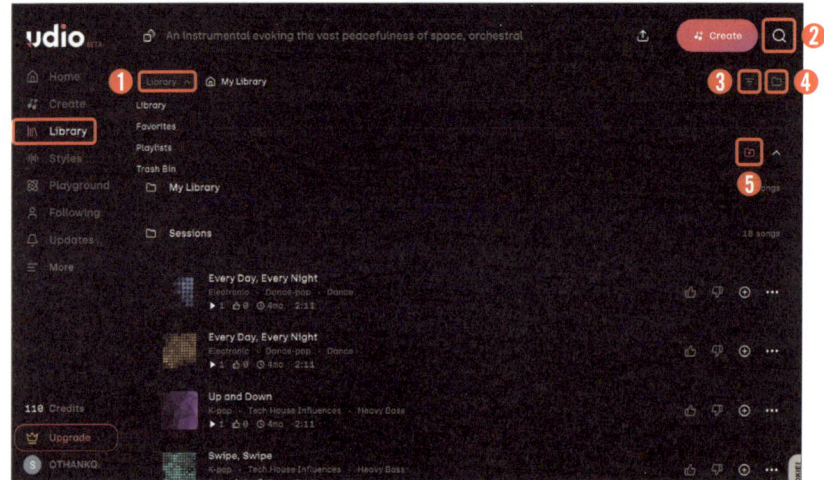

▲ Library 탭

❶ **Library:** 기본값으로 지금까지 생성한 음악 목록이 표시되며, 클릭한 후 아래와 같은 메뉴를 선택할 수 있습니다.

- **Favorites:** 다른 사용자가 만든 음악에서 엄지 척 모양의 [Like] 아이콘을 누르면 Favorites에서 일괄 확인할 수 있습니다.
- **Playlists:** 생성한 플레이리스트 목록입니다.
- **Trash Bin:** 삭제한 음악 목록이 표시되며, 다시 되돌리거나(삭제 취소) 영구 삭제할 수 있습니다.

❷ **Search:** 제목, 가사, 프롬프트를 입력하여 음악을 검색할 수 있습니다.

❸ **Filter:** 전체 음악 목록에서 조건에 맞는 항목만 선택하여 볼 수 있습니다.

❹ **Folder:** 폴더 목록이 표시되어 폴더별 음악을 확인할 수 있습니다.

❺ **Add a Folder:** 새로운 폴더를 생성합니다.

LESSON 02

Udio에서 나만의 음악 생성하기

기본 인터페이스를 익혔다면 이제 각 기능들을 직접 사용하여 나만의 음악을 생성해 봐야겠죠? Udio에서 기본으로 생성할 수 있는 최대 길이는 2분 10초 길이의 음악입니다. 2분 10초 길이의 댄스팝 음악을 만들어 보겠습니다.

01 ❶ [Create] 탭을 클릭한 후 ❷ Describe Your Song에 프롬프트를 입력합니다. 프롬프트에는 음악의 주제, 장르, 분위기, 악기, 보컬 스타일 등 다양한 요소를 포함하면 됩니다. 여기서는 아래와 같이 입력했습니다.

예시	Planning for summer vacation,	Dance pop,	Energetic,	Korean lyrics
	주제	장르	분위기	한국어 가사

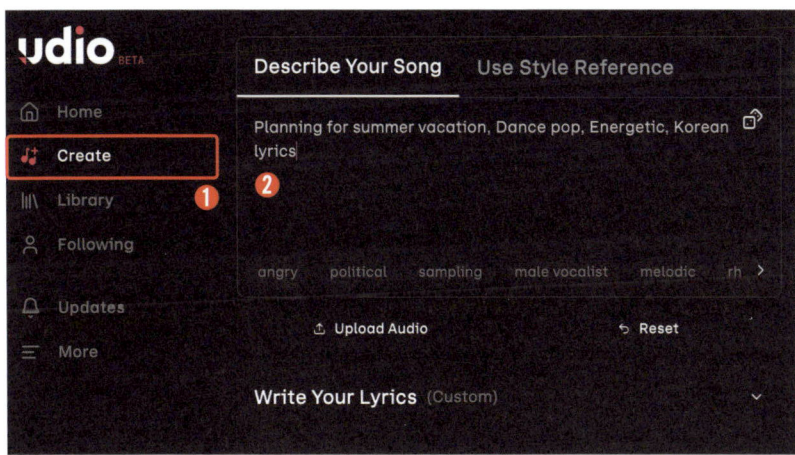

TIP 프롬프트는 한국어로 입력해도 되지만, 영어로 입력했을 때 더 좋은 결과물을 생성하곤 합니다.

02 ❶ [Advanced Controls]을 클릭하여 고급 옵션을 열고 ❷ [Manual Mode]는 비활성화합니다. 이어서 최대 2분 10초 길이의 곡을 생성하기 위해 ❸ [2:10 (Legacy)]를 선택합니다.

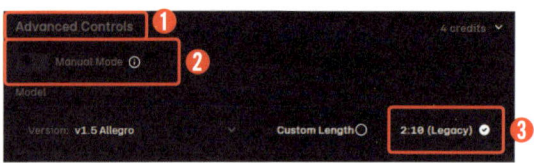

03 Clip Timing 옵션에서는 양쪽의 [Auto] 버튼을 클릭해서 비활성화한 후 Start를 [0%], End를 [100%]로 설정합니다.

> **TIP** Clip Timing 옵션은 생성할 2분 10초 구간이 곡 전체 흐름에서 어느 위치에 해당하는지 설정하는 파라미터입니다.
>
> - 0%–노래의 시작
> - 50%–노래의 중간
> - 100%–노래의 끝
>
> 그러므로 위와 같이 Start를 [0%], End를 [100%]으로 설정하면 2분 10초의 길이에 시작과 끝이 포함되는 완곡에 가까운 음악이 생성됩니다. 반면, Start를 [0%], End를 [70%]로 설정하면, 동일한 2분 10초 길이의 음악이라도 2절의 중간까지만 생성됩니다. 이런 경우 다음 레슨에서 소개하는 확장 기능을 이용하여 나머지 부분을 추가해서 3분 이상의 긴 곡을 완성할 수 있습니다. 권장하는 설정은 Start [0%], End [Auto]입니다.
>
> | 0:00 | | 03:10 |
> | --- | --- | --- |
> | 2분 10초 | | 1분 |
> | 0% | 70% | 100% |

04 다음으로 Lyric Timing 옵션에서 Start of clip을 **[7s]**, End of clip을 **[124s]**로 설정합니다.

> **TIP** Lyric Timing 옵션은 생성할 2분 10초 구간에서 가사가 시작되고 끝나는 지점, 즉 가창 구간을 설정하는 파라미터입니다. 위와 같이 설정하면 가창은 0분 7초에 시작되어 2분 4초(124초)에 종료됩니다. 설정된 시간 외의 구간(00:00~00:07, 02:04~02:10)에는 인트로, 아웃트로 또는 인터루드가 생성됩니다.

05 프롬프트의 영향력 강도에 해당하는 Prompt Strength 옵션은 **[70%]**로 설정합니다.

> **TIP** Prompt Strength 값이 높을수록 입력한 프롬프트에 충실한 음악이 생성되지만, AI의 자유도는 낮아져 음악 퀄리티가 저하될 수 있습니다. 반대로 옵션값이 낮으면 프롬프트는 정확히 반영되기 어렵지만, AI의 자유도가 높아져 예상 밖의 좋은 결과를 얻을 수도 있습니다. 따라서 실험적인 음악을 생성할 때는 높은 값을, 자연스럽고 완성도 높은 음악을 원할 때는 중간 정도의 값을 사용해 보세요.

06 가사의 영향력 강도인 Lyrics Strength 옵션은 **[90%]**로 설정합니다.

> **TIP** Lyrics Strength 값이 높을수록 입력한 가사를 충실히 반영한 멜로디가 생성됩니다. 반면 값이 낮으면 AI가 멜로디에 맞게 가사를 조정합니다. 그러므로 리듬감이 좋고 자연스러운 멜로디가 나올 수 있으나 대부분의 경우 수정된 가사의 퀄리티가 좋지 않으므로 90% 이상의 높은 값으로 설정하는 것을 권장합니다.

07 사운드의 선명도를 결정하는 Clarity 옵션은 **[10%]**로 설정합니다.

> **TIP** Clarity 옵션값이 높을수록 악기와 보컬 사운드가 트랙별로 선명하고 깨끗하게 들립니다. 하지만, 지나치게 높이면 기계적이고 인위적인 느낌이 강해질 수 있으므로 10~20% 내외의 값을 권장합니다. 이 옵션은 모델 v1.5 이상에서만 지원합니다.

08 생성할 음악의 품질을 결정하는 Generation Quality 옵션은 구독하는 플랜에 따라 선택합니다. 무료 사용자라면 **[High]**, 유료 사용자라면 더 빠른 생성 속도를 지원하므로 **[High]** 또는 **[Ultra]**를 권장합니다.

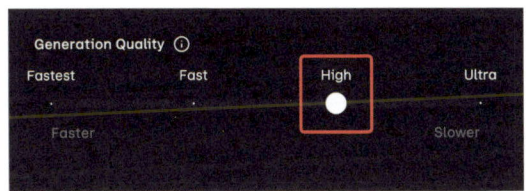

> **TIP** 구독 관련 정보는 화면 좌측 하단에 있는 [Upgrade] 탭을 클릭하여 확인할 수 있습니다.

09 옵션 설정이 끝났습니다. 화면을 다시 위로 올려 프롬프트 입력란 아래쪽에 있는 ❶ Write Your Lyrics에서 [Custom]을 선택해 가사 입력 창을 열고, ❷ [Write for Me]를 클릭하여 인공지능으로 가사를 생성합니다. ChatGPT 등으로 미리 생성해 놓은 가사가 있다면 직접 입력해도 좋습니다.

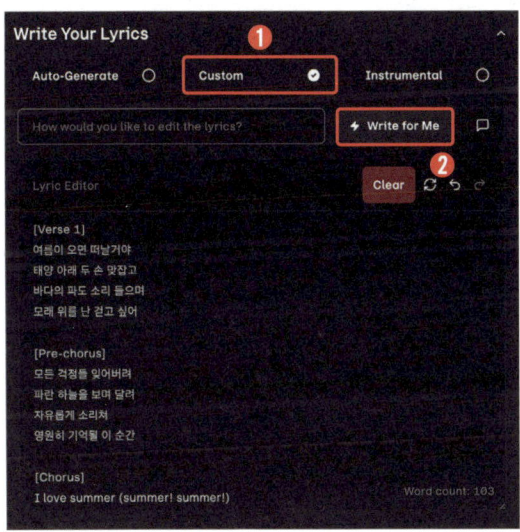

> **TIP** 가사가 영어로 생성된다면 [Write for Me] 왼쪽 입력 칸에 'Korean Lyrics' 또는 '한국어 가사'라고 입력한 뒤 다시 생성해 보세요. 또는 [Clear] 버튼 오른쪽에 있는 [Regenerate Lyrics] 아이콘을 계속 클릭해 보세요.

10 가사 입력까지 마치고 [Create] 버튼을 클릭하면 크레딧이 차감되며 음악이 생성됩니다. [Library] 탭에서 생성된 곡의 제목을 클릭해 보면 상세 정보 화면이 열리고 제목 아래에는 사용자가 입력한 프롬프트가, 그 아래에는 AI가 리라이팅하여 실제 음악 생성에 사용한 태그 목록이 표시됩니다. 생성된 음악이 마음에 든다면 AI가 리라이팅한 태그들을 메모하여 추후 Manual Mode에서 프롬프트를 작성하는 데 활용하면 됩니다.

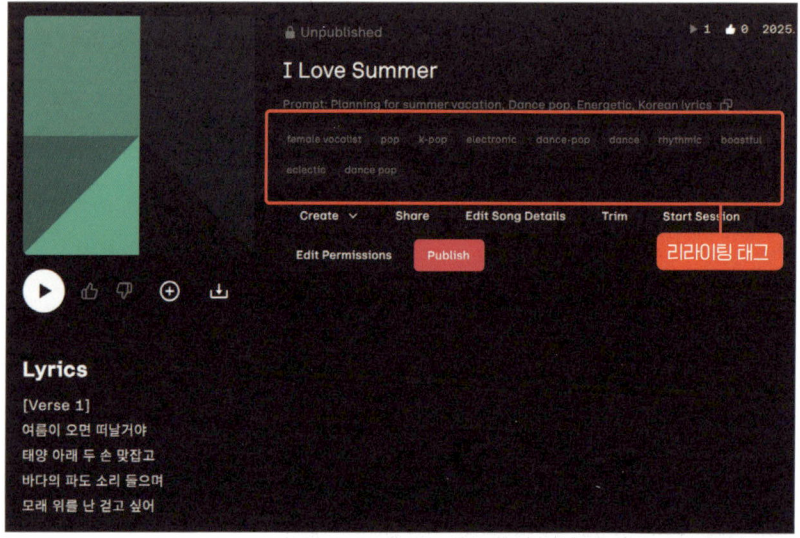

> **TIP** 리라이팅하지 않고 입력한 값 그대로 결과물을 도출하고 싶다면 Advanced Controls의 고급 옵션에서 [Manual Mode] 토글을 활성화하면 됩니다.

LESSON 03
생성한 음악 수정하기

Udio에서 2분 10초보다 긴 음악을 만들고 싶다면 2분 10초 길이의 음악을 생성한 후 Extend 등의 기능을 활용하여 길이를 연장하면 됩니다. Extend 기능으로 확장하고, Edit 기능으로 가사를 수정하는 등 창의적이고 완성도 높은 음악을 만들기 위한 실습을 진행해 보겠습니다.

🎵 기본 2분 10초에서 길이 연장하기

지난 레슨에서 완성한 음악에 새로운 파트를 추가하여 길이를 연장해 보겠습니다. 앞서 완성한 음악에 다음과 같이 브리지와 코러스 파트를 추가하겠습니다.

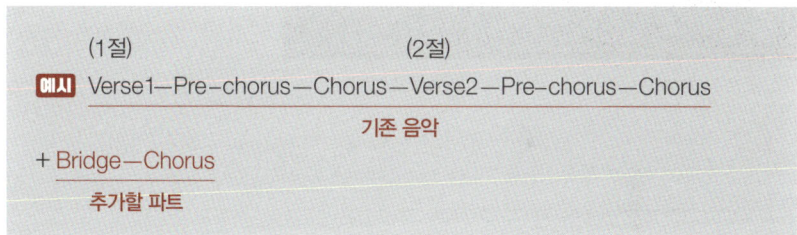

01 Library 화면에서 길이를 연장하고 싶은 음악에 마우스 커서를 올린 후 표시되는 버튼 중 [Extend]를 클릭합니다. 오른쪽 끝에 있는 […]을 클릭한 후 [Create]-[Extend]를 선택해도 됩니다.

02 Extend는 앞서 실습한 Create 화면과 유사하지만, Original track에 표시된 음악의 프롬프트와 Advanced Controls 설정을 자동으로 불러옵니다. 따라서 프롬프트 입력란에는 추가할 파트에 대한 새로운 프롬프트를 입력하거나, 기존 음악의 분위기를 이어가고 싶다면 자동 입력된 프롬프트를 그대로 사용하면 됩니다.

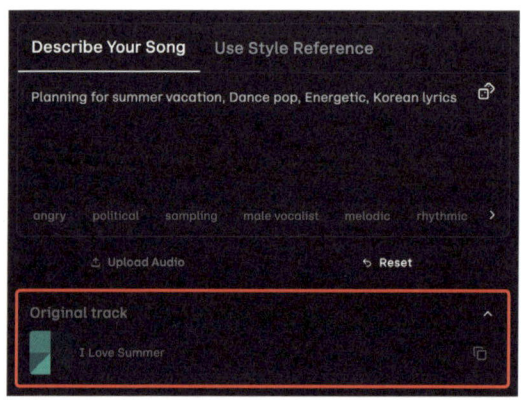

> **TIP** Original track에는 앞서 선택한 음악이 표시됩니다. Extend 기능을 취소하고 새로운 음악을 만들고 싶다면 우측 상단에 있는 [Reset] 버튼을 클릭합니다.

03 다음으로 비활성화 상태의 [Crop and Extend] 토글을 활성화합니다.

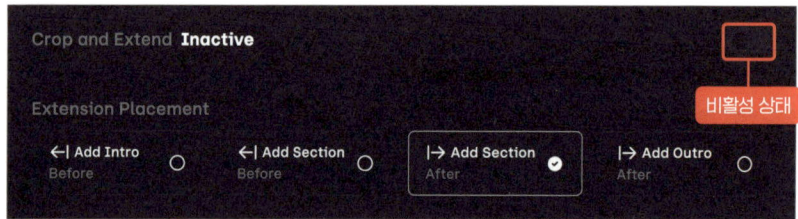

04 Crop and Extend 슬라이더가 표시되면 음악을 들어보면서 양쪽의 조절 바를 이용해 현재 음악에서 살리고 싶은 구간을 설정합니다. 음영으로 표시된 구간이 살릴 구간입니다. 예를 들어, 2절의 코러스가 끝나는 지점에 브리지를 추가할 예정이고, 해당 지점의 시간이 2분 5초 부근이라면 오른쪽 슬라이더를 해당 위치(2:05:76)로 옮깁니다.

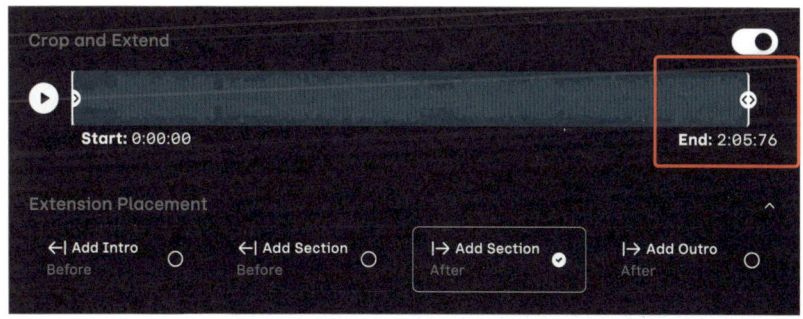

05 Extension Placement 옵션에서는 추가할 파트의 위치를 선택합니다. 이번 실습에서는 설정한 구간 뒤쪽으로 추가할 것이므로 **[Add Section(After)]**을 선택하면 됩니다.

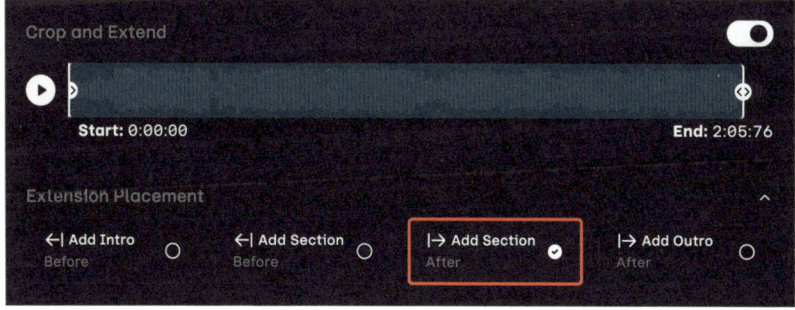

> **TIP** Extension Placement 옵션의 각 버튼은 설정한 구간의 앞쪽에 인트로 추가(Add Intro), 설정한 구간의 앞쪽에 섹션 추가(Add Section), 설정한 구간의 뒤쪽에 섹션 추가(Add Section), 설정한 구간의 뒤쪽에 아웃트로 추가(Add outro)입니다.

06 ❶ Write Your Lyrics 옵션에서는 [Custom]을 선택하고 ❷ 추가할 파트의 가사를 입력합니다. [Bridge], [Chorus], [Outro]와 같은 메타 태그를 함께 입력하면 더욱 안정적인 결과물을 얻을 수 있습니다.

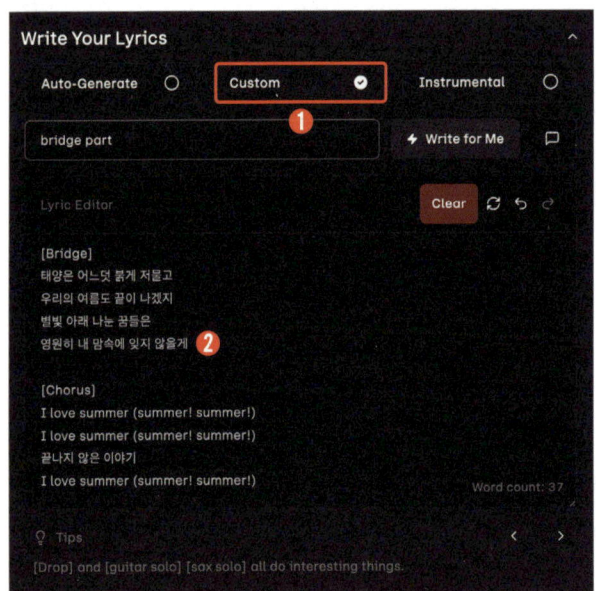

> **TIP** Udio의 Extend 기능은 한 번에 32초씩 연장됩니다. 32초는 일반적으로 한 파트에서 한 파트 반 정도의 분량이므로, 가사도 이를 고려해 4~8줄 사이로 입력하는 것이 좋습니다.

07 Advanced Controls 고급 옵션에서 Clip Start는 [Manual] 토글을 클릭해서 다음과 같이 [Automatic]으로 변경합니다.

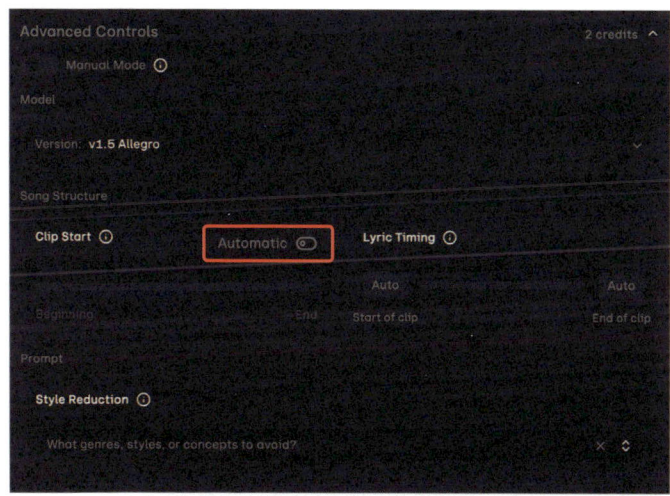

08 계속해서 Context Length 옵션은 [130s]로 설정합니다.

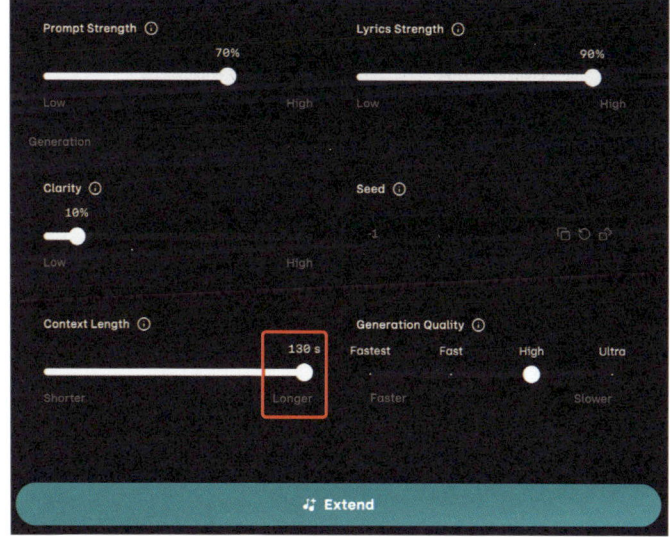

> **TIP** Context Length 옵션은 AI가 Extend를 수행할 때 기존 음악을 어느 정도 참고할지 설정하는 파라미터입니다. 최댓값인 130초로 설정하면 기존 음악의 대부분을 참고하여 일관성 있게 연장할 수 있습니다. 반대로 최솟값인 1초로 설정하면 기존 음악을 전혀 참고하지 않아 완전히 새로운 느낌의 파트가 확장 생성됩니다.

09 설정이 끝났으므로 화면 가장 아래쪽에 위치한 **[Extend]** 버튼을 클릭합니다. 2크레딧이 차감되며, 음악 생성이 시작됩니다.

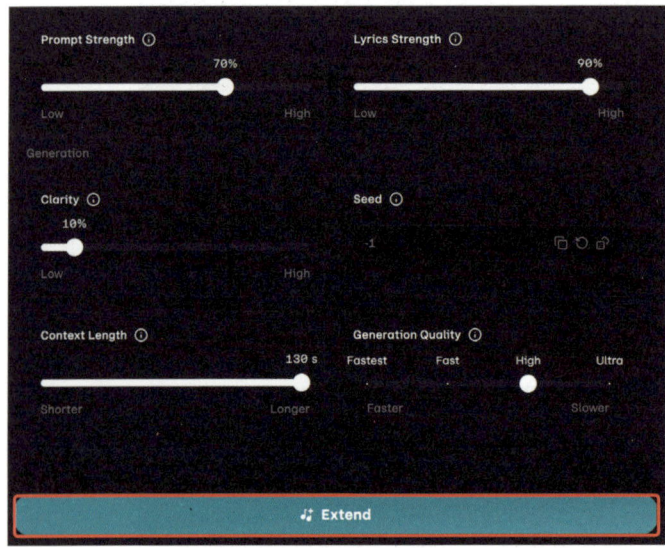

10 Suno와 달리 Udio는 원곡과 새로운 파트가 합쳐진 채 생성됩니다. Extend로 생성된 음악에는 제목 아래에 확장을 의미하는 화살표 아이콘이 표시됩니다.

11 Extend를 여러 차례 반복해 음악을 완성한 경우, Library 화면에서 [Trees]를 클릭하면 서로 연결된 음악들의 흐름을 한눈에 확인할 수 있습니다. Library 화면 오른쪽 위에 있는 ❶ [필터] ■ 아이콘을 클릭하면 ❷ [Trees] 버튼을 찾을 수 있습니다.

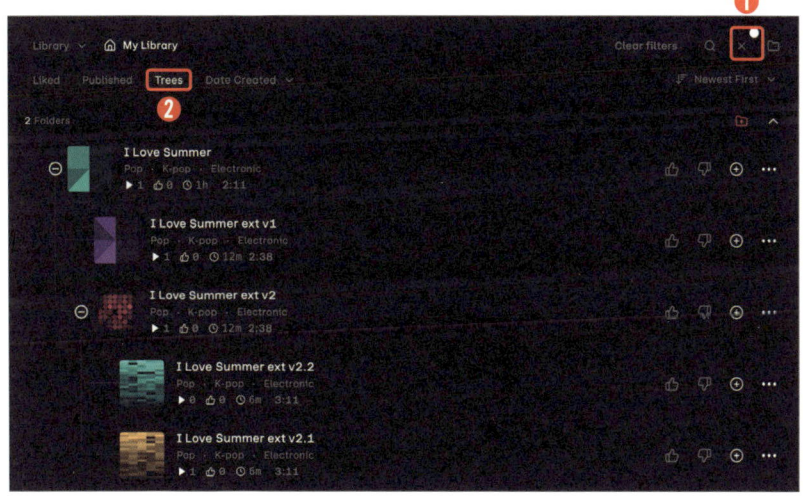

횡설수설 어색한 가사 수정하기 유료

완성한 음악의 가사가 마음에 들지 않을 때, 보컬이 제대로 발음하지 못해 횡설수설하는 듯한 문제가 발생할 때 Udio의 인페인트(Inpaint)와 Edit Lyrics 기능으로 이를 해결할 수 있습니다. 단, 가사 수정 기능은 유료 플랜에서만 사용할 수 있습니다.

인페인트를 이용한 가사 수정

인페인트는 Edit Lyrics의 초기 모델로, 사용법은 복잡한 편이지만 안정성이 뛰어나 현재도 널리 사용되고 있습니다. 무엇보다 한국어 가사에서 높은 인식률을 보이며, 1초 단위로 세부적인 수정을 할 수 있으므로, 기존 음악의 변화를 최소화할 수 있습니다. 여기서는 인페인트 기능을 활용해 아래와 같이 벌스의 가사를 수정해 보겠습니다.

[Verse 1]	[Verse 1]
여름이 오면 떠날거야	**다가온 여름 떠나볼래**
태양 아래 두 손 맞잡고	태양 아래 두 손 맞잡고
바다의 파도 소리 들으며	**시원한 파도** 소리 들으며
모래 위를 난 걷고 싶어	모래 위를 난 걷고 싶어

01 Library 화면에서 ❶ 수정하고 싶은 음악의 [...] 아이콘을 클릭한 후 ❷ [Edit]-[Inpaint]를 선택합니다.

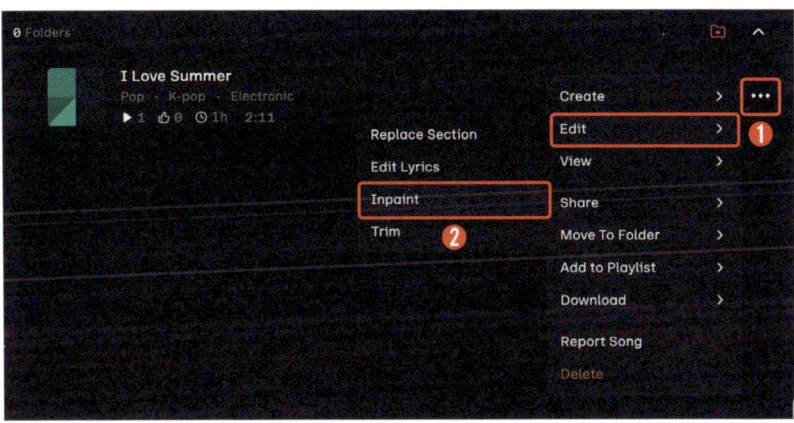

02 Inpaint 화면이 열리면 스크롤을 내려 Inpainting Controls로 이동합니다. Inpainting Controls에는 두 개의 파형이 있습니다. 아래쪽 파형은 음악 전체를 나타내며 고정되어 있습니다. 위쪽 파형은 아래 파란색 박스 구간을 확대한 작업 영역으로, 파란색 박스의 위치에 따라 함께 움직입니다. 재생 버튼을 눌러 음악을 들어보면서, 아래쪽 박스를 가사 수정 위치로 옮깁니다.

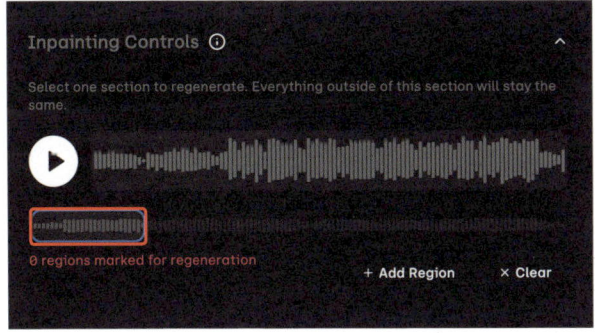

03 작업 영역을 설정했다면 ❶ **[Add Region]** 버튼을 클릭한 후 ❷ 세부적인 가사 수정 위치를 파란색 음영으로 선택합니다. **[Add Region]**은 최대 4개까지 추가할 수 있으며, **[Clear]** 버튼을 클릭하면 선택한 구간이 모두 초기화됩니다.

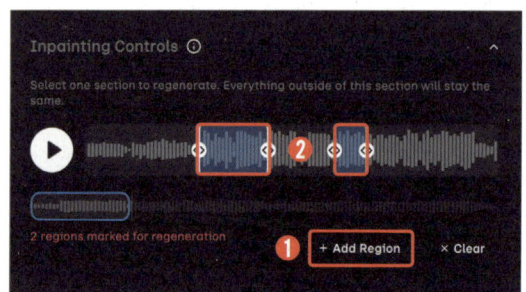

04 다음으로 Edit Lyrics에서 작업 영역에 해당하는 노래 가사 전체를 드래그한 후 [Tab]을 누릅니다. 또는 수기로 노래의 시작과 끝부분의 가사 앞뒤에 각각 '***'를 입력합니다. 이는 작업 영역의 음악과 가사를 매칭하기 위한 과정입니다. 회색 글자가 흰색으로 활성화됩니다.

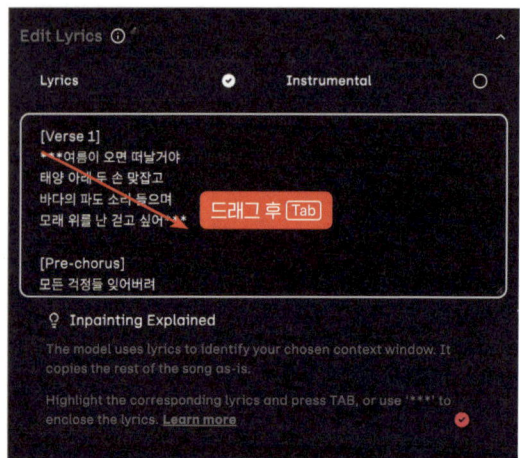

05 가사가 흰색으로 활성화된 상태로 앞서 03번 과정에서 파란색 음영으로 지정한 구간의 가사를 수정합니다. 이때, 기존 가사와 최대한 비슷한 글자 수로 가사를 입력하는 것이 좋습니다.

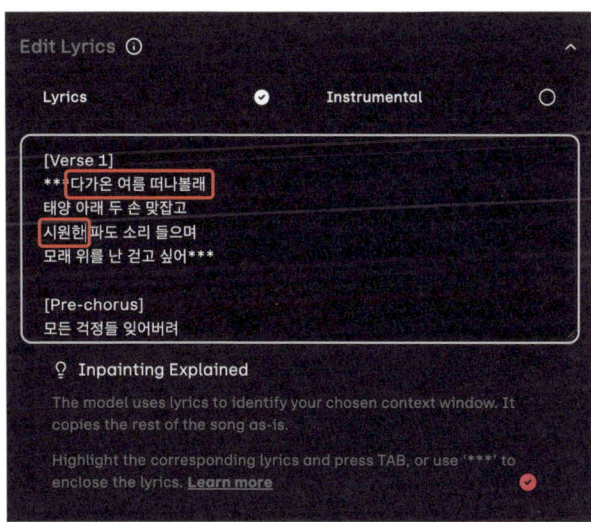

06 수정이 끝나면 화면 가장 아래쪽에 있는 [Inpaint] 버튼을 클릭합니다. 2크레딧이 차감되며 음악 생성이 시작됩니다.

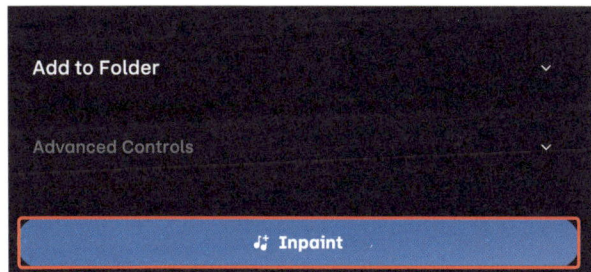

07 음악 생성이 완료되면 Library 화면으로 이동하여 결과를 확인합니다. Inpaint 기능으로 가사가 변경된 새로운 음악이 추가되며, 제목 아래에는 인페인트를 의미하는 붓 모양의 아이콘이 표시됩니다. Extend와 마찬가지로 [Trees]로 관리할 수 있습니다.

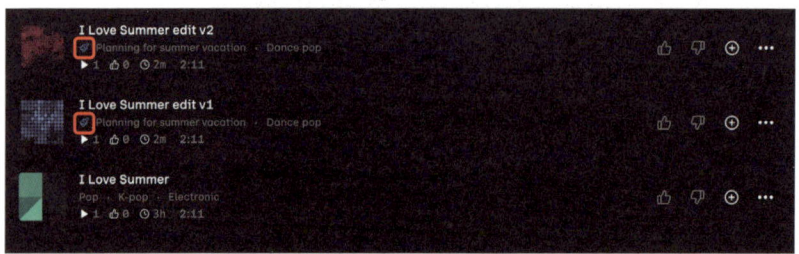

> **TIP** Inpaint 기능을 이용하면 해당 구간의 가사뿐만 아니라 멜로디, 보컬 등 다른 음악 요소들이 함께 변경될 수 있습니다. 새로운 멜로디가 마음에 들지 않는다면 원하는 멜로디가 나올 때까지 지금까지의 과정을 반복해 보세요. 물론 크레딧은 계속 차감됩니다.

Edit Lyrics를 활용하는 방법

Edit Lyrics 기능은 Inpaint의 업그레이드 버전이라고 할 수 있는, 가장 최신의 가사 수정 도구입니다. 사용 방법은 Inpaint에 비해 크게 개선되었으나, 아직까지는 안정성이 떨어져 결과물의 품질이 일정하지 않을 수 있습니다. Edit Lyrics 기능을 활용해 아래 예시와 같이 프리코러스의 가사 일부를 수정해 보겠습니다. 이 실습 역시 유료 플랜에서만 실행할 수 있습니다.

[Pre-chorus]	[Pre-chorus]
모든 걱정들 잊어버려	모든 걱정들 잊어버려
파란 하늘을 보며 달려	파란 하늘을 보며 달려
자유롭게 **소리쳐**	자유롭게 **춤을 춰**
영원히 기억될 이 순간	영원히 기억될 이 순간

01 ❶ Library 화면에서 ❷ 수정할 음악의 제목을 클릭합니다.

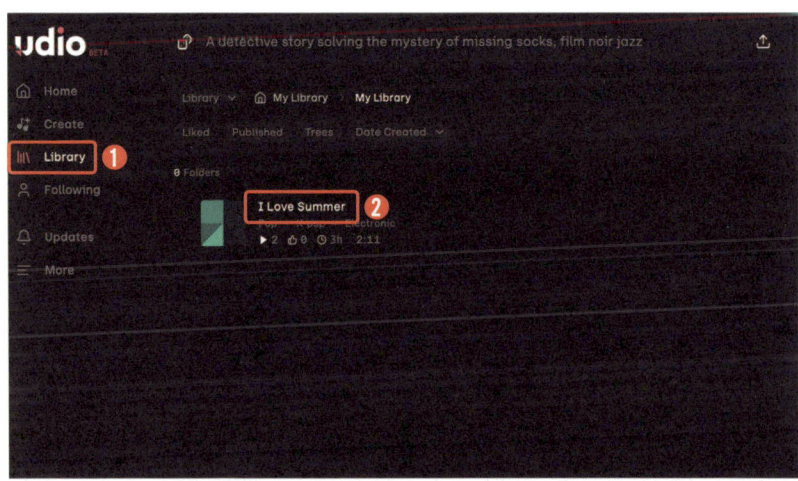

02 상세 정보 화면이 열리면 ❶ [재생] 아이콘을 클릭하여 음악을 재생한 후 ❷ [Edit Song Details] 버튼을 클릭합니다.

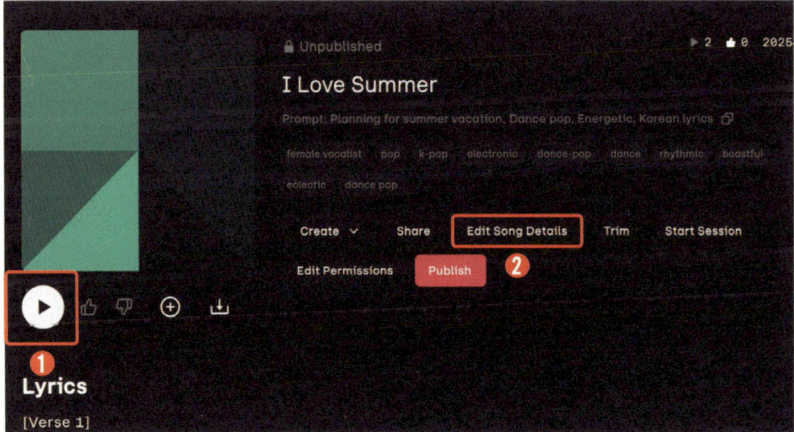

03 Edit Track Details 창이 열리면 ❶ Lyrics 입력란에 재생되는 노래 가사를 정확하게 입력한 후 ❷ [Save] 버튼을 클릭해 저장합니다.

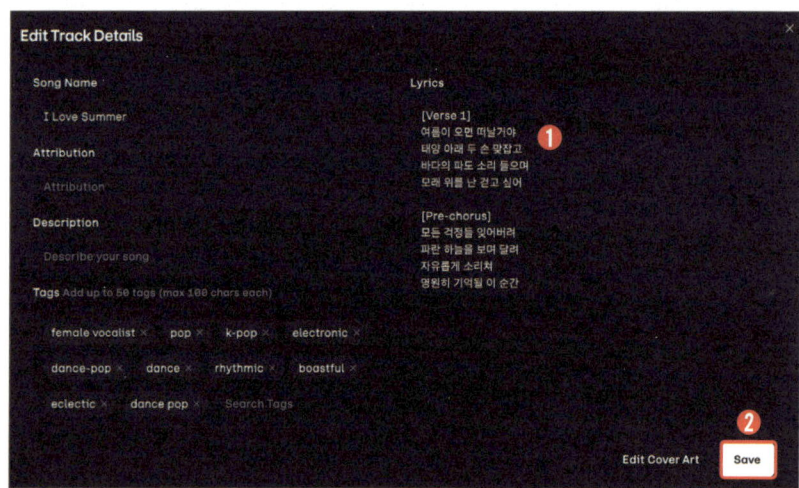

04 다시 상세 화면으로 돌아와, ❶ [Create] 버튼을 클릭한 후 ❷ [Edit]를 선택합니다. Library 화면에서 오른쪽 끝에 있는 [⋯] 아이콘을 클릭하고 [Edit]-[Edit Lyrics]를 선택해도 됩니다.

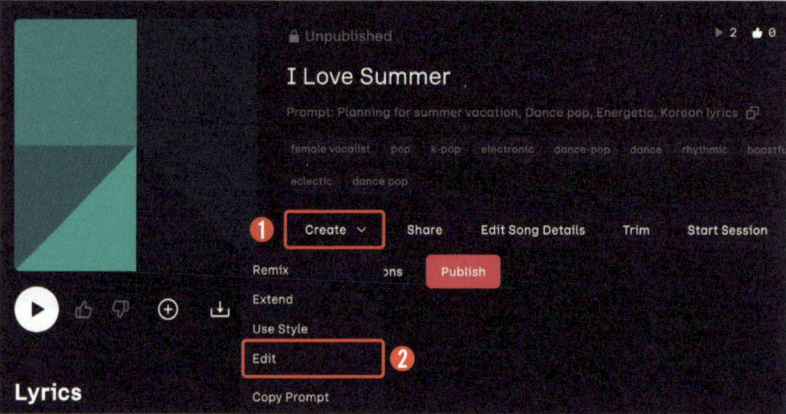

05 Edit 화면이 열리면 ❶ [Edit Lyrics]에서 ❷ 수정할 가사를 찾아 드래그해서 선택한 후 우클릭한 뒤 ❸ [Select this section]을 클릭합니다.

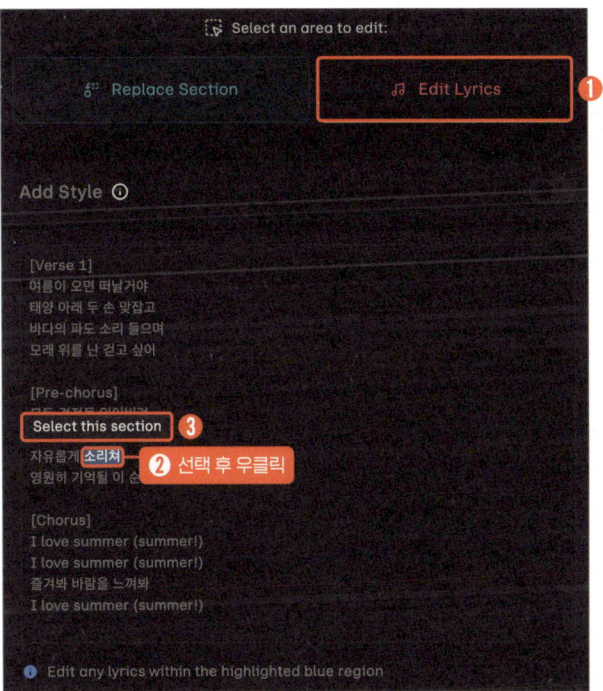

06 아래 안내창은 '저장되지 않은 변경사항이 삭제될 수 있음'을 경고하는 내용입니다. 확인 후 [Confirm Discard Change]를 클릭하여 넘어갑니다.

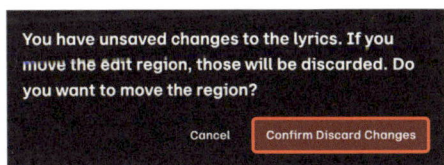

07 ❶ 선택한 가사가 밝게 표시되며, 동시에 화면 상단의 작업 영역에도 해당 구간이 파란색 음영으로 표시됩니다. ❷ 음악을 재생하여 해당 구간의 음악과 선택한 가사가 일치하는지 확인합니다.

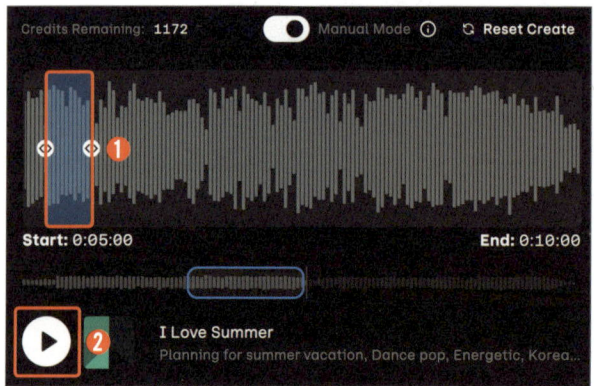

> **TIP** 선택한 구간의 가사가 일치하지 않는다면 앞서 03번 과정에서 누락된 가사가 없는지 확인해 보세요. 약간의 시간 차는 있을 수 있습니다.

08 이제 ❶ 선택한 가사를 지우고 새로운 가사를 입력합니다. 인페인트 때와 마찬가지로 기존 가사의 길이와 같거나 최대한 비슷한 길이로 입력하는 것이 좋습니다. 수정을 마친 후 ❷ [Edit] 버튼을 클릭하면 크레딧이 차감되고 음악이 생성됩니다.

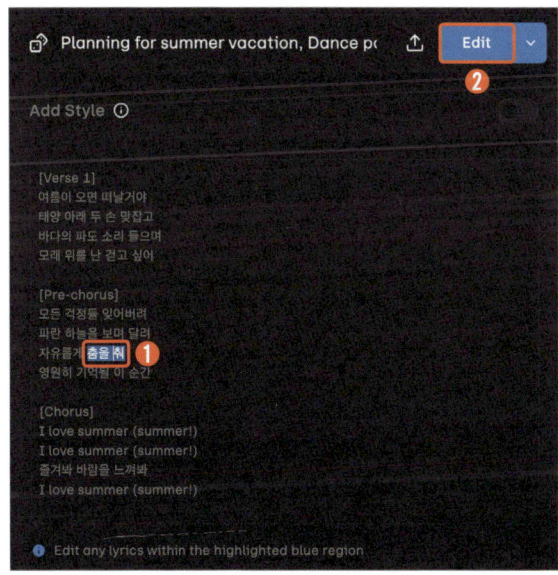

09 가사 수정 및 음악 생성이 완료되었습니다. Library 화면을 보면 Edit 기능으로 변형된 음악이 추가되어 있으며, 제목 아래에 붓 모양의 아이콘이 표시됩니다.

> **TIP** 지금까지의 과정과 유사하게 Replace section 기능을 사용할 수 있습니다. 스타일을 변경하고 싶은 구간을 파란색 음영으로 설정한 뒤, [Replace Section]을 선택하고 새로운 프롬프트를 입력해 보세요!
>
>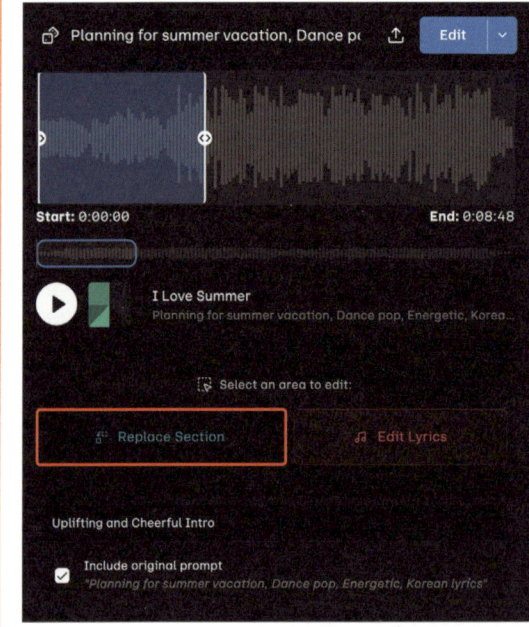

필요 없는 구간 잘라내기

음악의 처음 혹은 끝 부분에 불필요한 구간이 생성되었거나, 전체 음악에서 특정 구간만 남기고 싶을 때 Trim 기능을 이용해 보세요.

01 ❶ Library 화면에서 Trim 기능을 적용할 음악의 [⋯]을 클릭한 후 ❷ [Edit]-[Trim]을 선택합니다. 음악의 제목을 클릭하여 상세 화면으로 이동한 후 [Trim] 버튼을 클릭해도 됩니다.

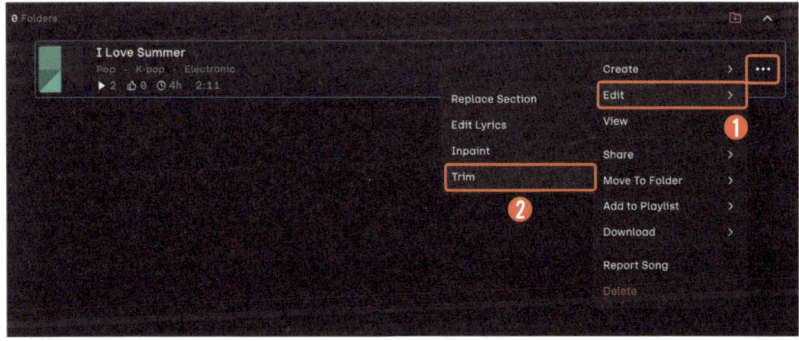

02 Trim track 창이 열리고 파형 슬라이드 바가 표시되면 ❶ 좌우의 슬라이더를 드래그하여 남기고 싶은 구간을 지정한 후 ❷ [Trim] 버튼을 클릭하여 잘라내기를 실행합니다.

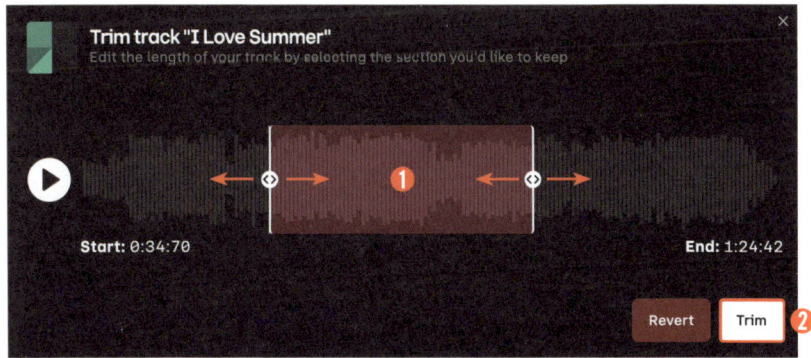

03 Trim track 창이 닫히고, 음악 목록을 보면, Trim으로 잘라내기한 음악의 제목 아래에 가위 모양 아이콘이 추가되었습니다. 음악의 총 재생 시간도 줄어든 것을 확인할 수 있습니다.

04 만약 Trim 기능으로 변형한 음악을 자르기 전의 상태로 되돌리고 싶다면, [Edit]-[Trim]-[Revert to Original]을 선택하고, 곧바로 열리는 Reset Length 창의 [Confirm] 버튼을 클릭하면 됩니다.

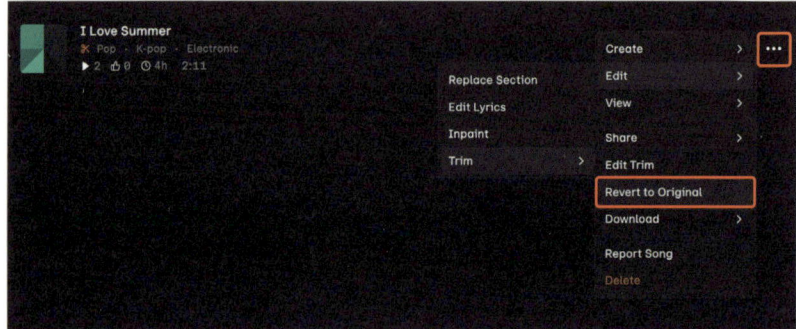

05 또는 Trim track 창을 다시 열고 **[Revert]** 버튼을 클릭하여 처음 상태로 되돌리거나, 원하는 구간을 다시 지정한 후 **[Trim]** 버튼을 클릭하면 잘라낼 구간을 변경할 수 있습니다.

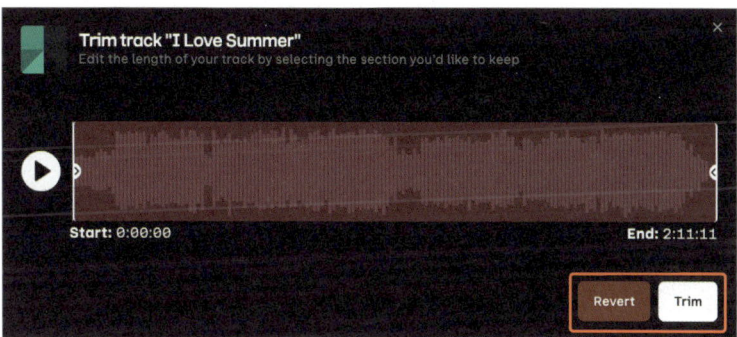

모든 편집 기능을 하나로, Session 유료

Session은 Udio의 최신 편집 기능으로 Suno의 Song Editor 기능과 유사합니다. Extend, Edit Lyrics, Replace section 등을 한 화면에서 처리할 수 있어 반복 수정 시 발생하는 피로감을 덜어 주고, 더 직관적인 인터페이스로 초보자도 쉽게 사용할 수 있습니다.

Session의 세부 기능들은 앞서 실습한 방식 그대로 활용하면 됩니다. 하지만 Session은 기존 음악을 수정하는 데 그치지 않고, 특히 32초 단위로 세밀하게 생성할 때 유용합니다. Session으로 음악을 생성하고 수정하는 방법을 살펴보겠습니다.

01 Library에서 확장하고 싶은 음악으로 마우스 커서를 옮긴 후 [Session] 버튼을 클릭합니다. [⋯]-[Create]-[Start Session]을 선택해도 됩니다.

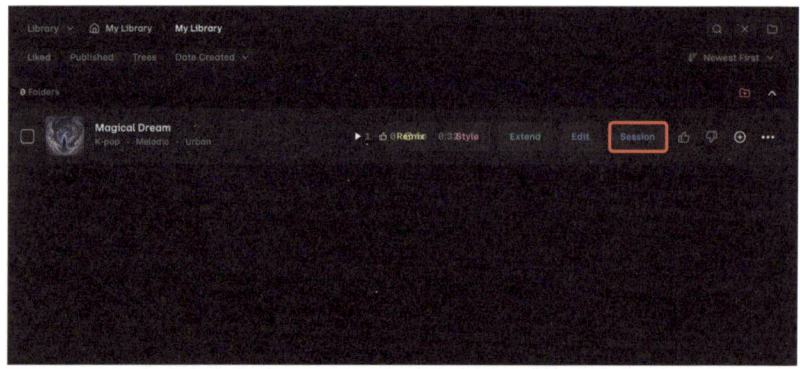

02 Session의 첫 화면입니다. 예시로 32초 길이의 새로운 코러스 파트를 추가해 보겠습니다. 음악 양쪽 끝에 있는 화살표 중 추가할 위치의 화살표를 클릭하거나, 화면 하단에 있는 [Extend] 버튼을 클릭합니다. 단축키는 E 입니다. 여기서는 오른쪽 화살표를 클릭했습니다.

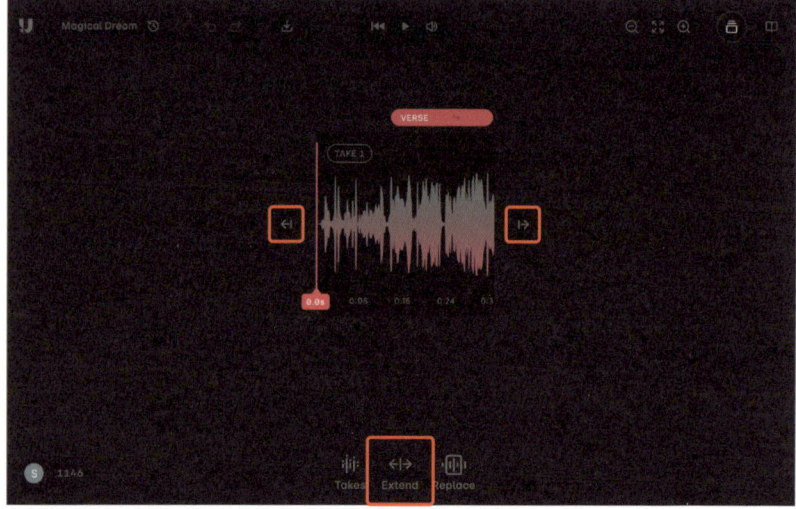

03 Extend 기능이 실행되면 확장할 파트의 프롬프트 입력, 가사 유무 선택, 파트 구분 옵션을 설정합니다. 여기서는 ❶ 기존 프롬프트를 유지한 채 ❷ Lyrics는 [CUSTOM]으로 설정하여 ❸ 오른쪽 Lyrics에 새로운 가사를 입력하고, ❹ 파트 구분은 [SECTION]을 선택했습니다.

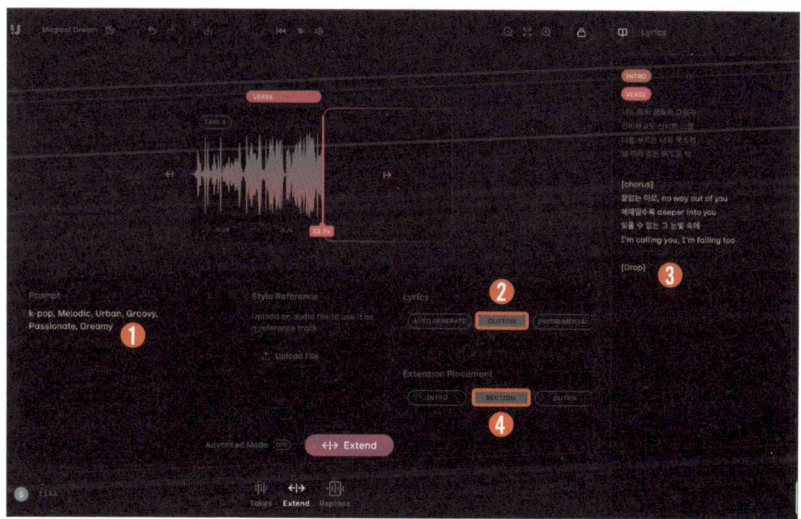

04 마지막으로 ❶ Advanced Mode를 [OFF]에서 [ON]으로 변경하여 Advanced controls 옵션들을 표시합니다. ❷ 좌우 화살표를 이용하여 각 옵션을 확인 및 설정한 후 ❸ [Extend] 버튼을 클릭합니다. Advanced controls의 세부 옵션은 103쪽을 참고하세요.

05 잠시 후 2개의 확장된 음악이 생성되면 마음에 드는 것을 선택합니다. 만약 둘 다 마음에 들지 않거나 아쉬운 부분이 있다면 단축키 [T] 또는 화면 하단에 있는 [Takes] 버튼을 클릭하여 Takes 기능을 실행합니다.

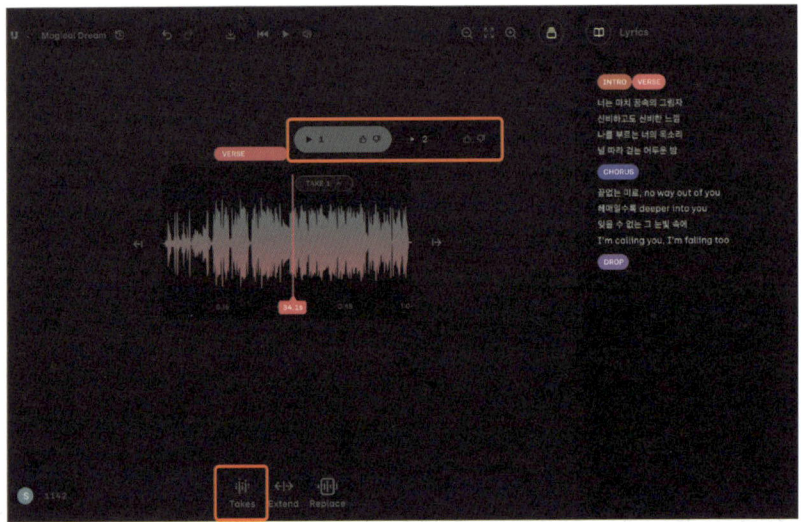

06 Takes 기능을 실행한 후 화면 하단에 있는 [Generate Take] 버튼을 클릭하면서 마음에 드는 음악을 추가로 생성합니다. 단 TAKE라고 구분된 파트 단위로만 다시 생성할 수 있으며, 부분적인 수정은 할 수 없습니다.

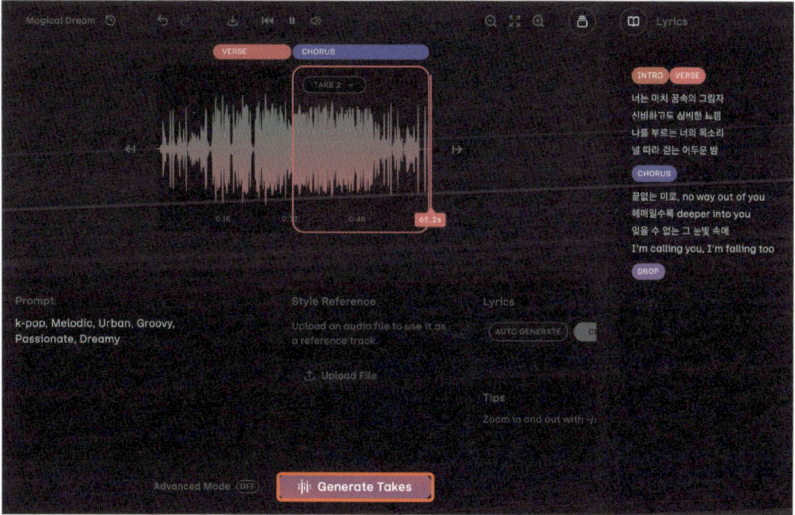

> **TIP** 새로운 Take 생성을 비롯해 Session에서 이뤄지는 모든 작업에는 개별 기능과 동일한 크레딧이 소모됩니다.

07 가사 및 부분 수정이 필요할 때는 Replace 기능을 활용합니다. Session 화면 하단에서 [Replace] 버튼을 클릭하거나 단축키 [R]을 누릅니다.

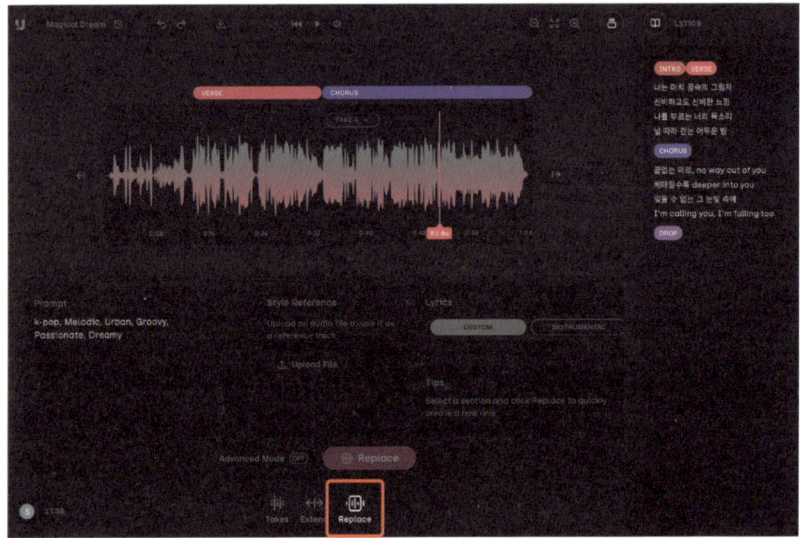

08 Replace 기능을 실행한 후 ❶ 화면 상단에 있는 [돋보기] 아이콘을 클릭하여 음악의 파형을 확대하고, ❷ 수정할 부분을 마우스로 드래그하여 선택합니다. 우측 Lyrics 창에서 수정할 부분의 가사를 드래그한 후 [Select this section]을 클릭해도 됩니다.

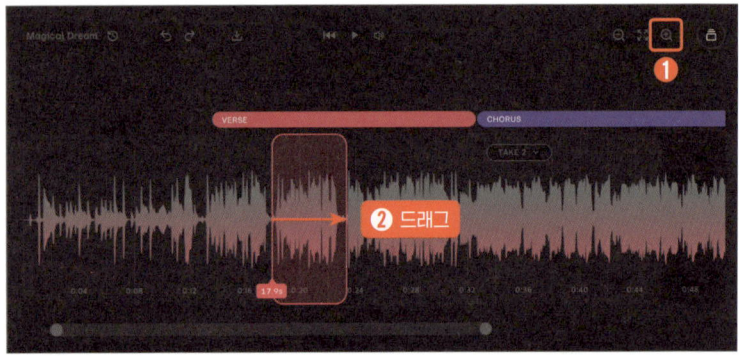

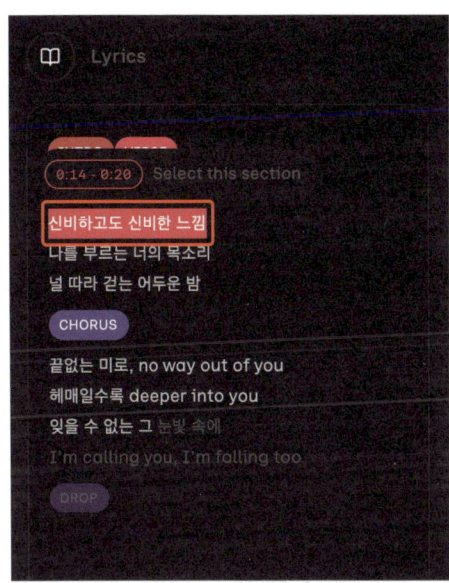

09 선택한 파형과 가사가 서로 강조 표시됩니다. 종종 오차가 발생하여 강조된 부분과 실제 가사가 일치하지 않을 수 있으나 무시하고 원하는 부분의 가사를 수정합니다.

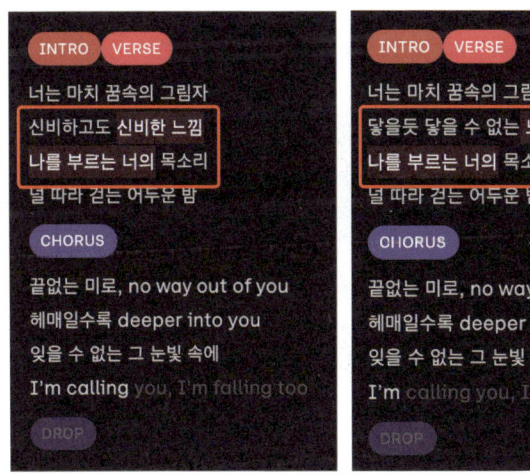

10 수정하려는 부분이 2곳 이상일 때는 ❶ Replace Regions에서 [Add Region]을 클릭해 최대 3개까지 추가할 수 있습니다. ❷ 수정이 끝나면 [Replace] 버튼을 클릭합니다.

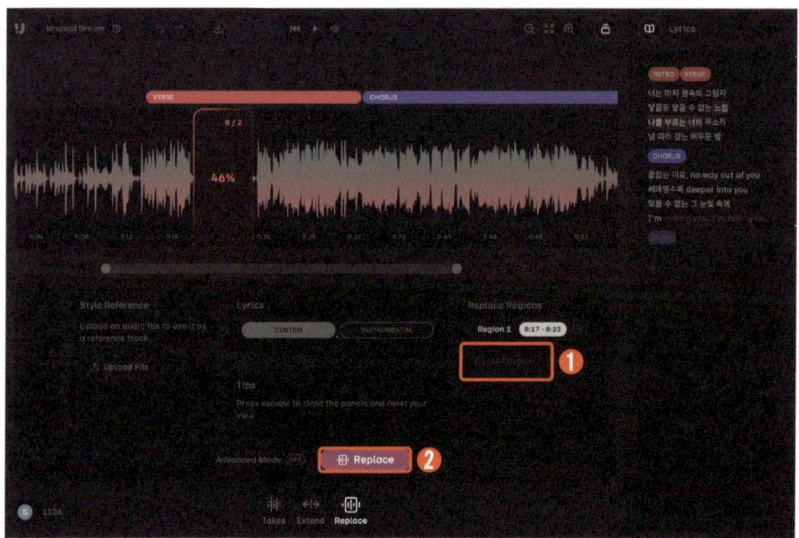

11 수정된 2개의 음악 중 마음에 드는 음악을 선택합니다. 둘 다 마음에 들지 않는다면 05번 과정을 참고하여 추가로 생성합니다.

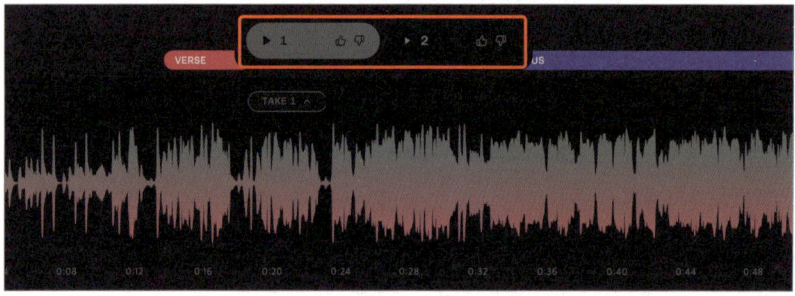

> **TIP** 음악을 선택한 뒤 추가 작업을 진행하면 다시 선택하거나 되돌릴 수 없습니다.

12 앞의 과정들을 반복해서 추가로 새로운 파트를 생성해 보세요. 이때 추가한 지점 왼쪽에 있는 흰색 바를 드래그하여 새로운 파트의 시작 지점을 변경할 수도 있습니다. 끝으로 모든 편집이 끝나면 ❶ 음악 제목이 표시된 [History] 버튼을 클릭한 후(단축키 H) [SAVE NEW VERSION]을 클릭하여 작업한 내역을 저장하고 ❷ Udio 로고를 클릭하여 편집을 끝냅니다. 저장하지 않고 화면을 종료하면 작업한 내역이 초기화될 수 있으니 주의하세요.

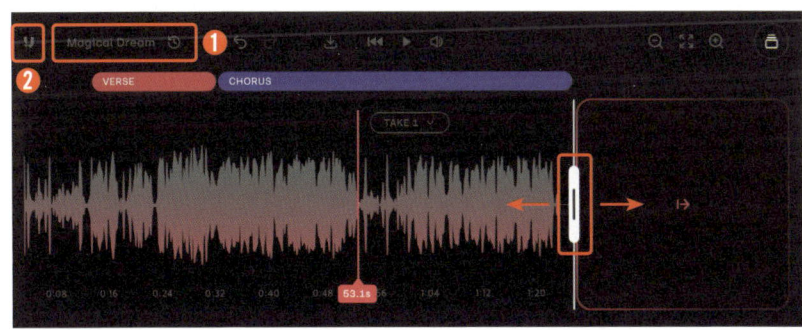

CHAPTER
06

CM송 & 대중음악 생성을 위한 프롬프트 실습

Suno나 Udio에서 좀 더 구체적인 나만의 음악을 생성하고 싶다면 프롬프트를 보다 상세하게 입력해야 합니다. 광고 음악부터 다양한 장르의 음악을 효과적으로 생성하기 위한 프롬프트 작성 요령에 대해 살펴보겠습니다.

Lesson 01 효과적인 프롬프트 작성
Lesson 02 중독성 있는 CM송 만들기
Lesson 03 에스파 스타일의 K-pop 음악 만들기
Lesson 04 뉴진스 스타일의 K-pop 음악 만들기
Lesson 05 박재정 스타일의 발라드 음악 만들기
Lesson 06 장범준 스타일의 포크/컨트리 음악 만들기

LESSON 01
효과적인 프롬프트 작성

다양한 스타일의 음악을 만드는 프롬프트 실습에 앞서, 효과적인 음악 생성을 위한 프롬프트를 작성 방법에 대해 살펴보겠습니다.

프롬프트에 포함할 다양한 구성 요소

AI로 원하는 음악을 생성하려면 프롬프트에 원하는 음악적 요소를 구체적으로 조합해야 합니다. 주요 구성 요소로는 장르, 타입, 분위기, 보컬, 악기가 있으며, 모든 요소를 반드시 포함할 필요는 없지만 선택한 요소에 따라 음악의 스타일과 분위기가 크게 달라질 수 있습니다.

장르 장르는 음악의 전체적인 방향을 결정하는 핵심 요소입니다. 힙합, 락, 재즈, EDM, R&B 등 단일 장르를 입력하거나, 'EDM+R&B', '재즈+힙합'과 같이 두 가지 이상의 장르를 혼합하여 새로운 스타일을 창조할 수 있습니다.

타입 타입은 대중음악 장르의 범주에 속하지 않는, 특정 용도를 가진 음악을 생성할 때 주로 사용합니다. 대표적인 예로는 동요, 뮤지컬, 영화 음악, 광고 음악 등이 있습니다.

보컬 남성, 여성의 구분 뿐만 아니라 어린 아이, 걸그룹, 보이그룹, 싱어송라이터 등 다양한 보컬 스타일을 입력할 수 있습니다. 여기에 '파워풀한', '저음의', '속삭이는' 등의 형용사를 추가하면 보컬 스타일을 더욱 세밀하게 정의할 수 있습니다.

분위기/스타일 분위기는 음악을 통해 전달하고 싶은 감정이나 이미지입니다. 밝고 경쾌한 분위기라면 '신나는', '행복한', '활기찬'과 같은 단어를, 차분하고 감성적인 분위기라면 '잔잔한', '슬픈', '쓸쓸한' 등의 단어를 활용해 보세요. 특정 연도나 시대를 언급하는 것도 좋은 방법입니다. 예를 들어 '1940년대'라고 입력하면 마치 그 시절 오래된 라디오에서 흘러나오는 듯한 질감의 음악을 생성할 수 있습니다.

악기/사운드 피아노, 베이스, 신디사이저 등 음악에 삽입하거나 강조하고 싶은 악기를 입력하면 해당 악기의 특성이 두드러지는 음악을 생성할 수 있습니다. 또는 새 소리, 바람 소리, 도시 소음과 같은 효과음을 추가하여 음악에 독특한 사운드를 더할 수 있습니다.

프롬프트 작성을 위한 기본 요령 파악하기

태그 형식으로 작성하기

Suno와 Udio는 ChatGPT와 달리, 프롬프트를 입력할 때 자연어(일상적인 문장)가 아닌 태그 나열 형식으로 입력하는 것이 좋습니다. 예를 들어, '걸그룹이 부르는 귀엽고 발랄한 분위기의 K팝 음악을 만들어줘'라고 입력해도 음악은 생성되지만, AI가 요구사항을 명확하게 이해하지 못할 수 있습니다. 따라서 'Kpop, Girl group, Cute, Cheerful, Girlish'와 같은 방식으로 입력해야 하며, 각 태그는 쉼표로 구분합니다.

> **예시**
> (X) 걸그룹이 부르는 귀엽고 발랄한 분위기의 K팝 음악을 만들어줘
> (O) Kpop, Girl group, Cute, Cheerful, Girlish
>   장르   보컬   분위기

자동 모드 + 간단한 프롬프트

자동 모드는 AI로 음악을 만들 수 있는 가장 쉽고 빠르며, 효과적인 기능입니다. 이때 너무 많은 태그를 입력하기 보다는 핵심적인 몇 가지 태그로 간결하게 프롬프트를 구성하는 것이 더 효과적입니다. AI에 최대한의 자유도를 부여함으로써 좀 더 완성도 높은 음악이 생성될 확률이 높아지기 때문입니다. 이러한 특성을 활용해 우선은 자동 모드로 음악을 생성하고, 마음에 드는 음악의 리라이팅된 태그를 참고하여 수동 모드로 음악을 생성하는 것도 좋은 대안이 될 수 있습니다.

수동 모드 + 구체적인 프롬프트

수동 모드에서는 프롬프트가 구체적일수록 원하는 스타일에 가까운 음악이 생성됩니다. 이때, 실험적인 태그 조합을 두려워하지 마세요. 태그가 다양하고 많아질수록 각 요소의 개성은 옅어지지만, 가장 특징적인 부분들이 서로 조화를 이루며 점차 원하는 음악에 가까워집니다.

실제로 음악은 다양한 장르의 특징들을 조금씩 결합하면서 새로운 스타일을 창조하고 발전해왔습니다. 그래서 현재 우리가 듣는 음악들은 단순히 '팝', '힙합'과 같은 몇 가지 단어만으로는 정의하기 어려운 면이 있습니다. 때문에 프롬프트를 작성할 때에도 여러 음악적 요소를 조합하면 각 특성이 결합되어 더 풍부

하고 독창적인 결과를 얻을 수 있습니다. 다만, 프롬프트가 구체적이고 실험적일수록 AI의 자유도가 제한되어, 원하는 결과물을 얻기까지 더 많은 크레딧이 소요될 수 있습니다.

태그 영향력 높이기

특정 태그의 영향력을 높이고 싶다면 다음과 같은 사항들을 고려할 수 있습니다. 단, 여기서 소개하는 내용들은 공식적으로 보장되는 메커니즘이 아니므로, 원하는 결과를 얻기 위해서는 다양한 시도를 통해 최적의 프롬프트를 찾아가는 과정이 필요합니다.

> **입력 순서:** 앞쪽에 위치한 태그일수록 더 큰 영향력을 가질 가능성이 있습니다.
> **예시** **singer songwriter**, acoustic pop, happy, melodic, warm, love
> **singer songwriter** 〉 acoustic pop 〉 happy 〉 melodic 〉 warm 〉 love
>
> **반복 입력:** 같은 태그 혹은 그와 유사한 성질의 태그를 반복 입력하면 해당 특성이 강조될 수 있습니다.
> **예시** singer songwriter, **acoustic pop, acoustic, steel-string acoustic guitar**, happy, melodic, warm, love
>
> **대문자 사용:** 태그를 대문자로 입력하면 AI가 이를 주목할 가능성이 있습니다.
> **예시** singer songwriter, **ACOUSTIC POP**, happy, melodic, warm, love

LESSON 02
중독성 있는 CM송 만들기

광고 음악은 음악 내 브랜드나 제품명을 반복함으로써 소비자에게 강렬한 인상을 남기기 때문에 '로고송' 또는 상업적 음악을 뜻하는 'CM(Commercial Music)송'으로도 불립니다. 대표적인 예로는 새우깡, 오로나민C, 맥심 아이스커피 등의 CM송이 있습니다.

♪ CM송 가사 작성 요령

CM송은 대중음악과 달리 일반적으로 15~30초 정도로 길이가 짧으며, 가사는 다음과 같은 특징이 있습니다.

> **1. 반복 구성**: 제품명을 여러 번 언급해 각인 효과를 높입니다.
> **예시** 머리부터 발끝까지 오로나민C~ 오로나민C~ 오로나민C~
>
> **2. 쉬운 문장**: 간결하고 이해하기 쉬운 표현을 사용합니다.
> **예시** 여름이니까 아이스커피, 여름엔 맥심 아이스
>
> **3. 단순한 리듬**: 누구나 따라 부를 수 있는 단순한 리듬으로 구성합니다.
> **예시** 손이 가요 손이 가, 새우깡에 손이 가요

이제 위의 특징들을 적용해 광고 음악 가사를 생성해 보겠습니다. 038쪽에서 소개한 'ChatGPT로 가사 스케치하기' 프롬프트를 응용하면 보다 빠르게 가사의 초안을 생성할 수 있습니다.

01 ChatGPT를 실행한 후 프롬프트 입력 창에 아래와 같이 입력합니다. 광고 음악은 30초 이내의 짧은 길이이므로 음악의 구조는 벌스와 코러스로 축약했습니다.

> Q. [오땡큐 AI 작곡] 광고 음악 가사를 작성해줘.
> 기억하기 쉬운 단순 반복의 구조, 문장 끝에는 라임을 맞춰줘.
> 음악의 길이는 15~30초 이내라 구조는 Verse와 Chorus뿐이야.
> Verse에서는 [AI 작곡의 장점] 을 묘사해줘.
> Chorus는 [오땡큐]를 포인트로 살린 중독성 있는 가사였으면 좋겠어.
>
> A. Verse 1:
> AI로 작곡, 쉽고 빠르게,
> 아이디어 떠올라, 바로 만들게!
> 누구나 할 수 있어, 걱정 말게,
> 음악의 꿈을 이제 시작하게!
> Chorus:
> 오땡큐, 오땡큐, 함께 만들어봐!
> 오땡큐, 오땡큐, 음악이 돼!
> 오땡큐, 오땡큐, 신나는 리듬!
> 오땡큐, 오땡큐, 작곡이 즐거워!

02 마음에 드는 가사가 생성되었다면 파트별로 4줄씩 한 줄에 10음절 내외로 가사를 정리합니다.

초안	1차 수정	
Verse 1: AI로 작곡, 쉽고 빠르게, 아이디어 떠올라, 바로 만들게! 누구나 할 수 있어, 걱정 말게 음악의 꿈을 이제 시작하게!	Verse 1: 에이아이 작곡, 쉽고 빠르게 아이디어 반짝, 바로 만들게! 누구나 할 수 있어, 걱정 말게 음악의 꿈을 이제 시작하게!	음절 수 11 11 11 11

Chorus:	Chorus:	음절 수
오땡큐, 오땡큐, 함께 만들어봐!	오땡큐 오땡큐, AI 작곡!	10
오땡큐, 오땡큐, 음악이 돼!	나만의 음악 함께 만들어봐	11
오땡큐, 오땡큐, 신나는 리듬!	오땡큐 오땡큐, AI 작곡!	10
오땡큐, 오땡큐, 작곡이 즐거워!	신나는 리듬 작곡이 즐거워!	11

03 가사 정리가 끝나면 마지막으로 메타 태그를 정리합니다. 광고 음악처럼 짧은 길이의 음악에서는 [Verse]와 [Chorus]를 입력하는 것이 일반적이지만, [Intro]와 [Outro]를 입력하는 것도 방법입니다. 또한 인트로나 아웃트로에 제품명을 가사로 한 번 더 넣으면 더욱 인상적인 광고 음악이 될 수 있습니다.

수정 A	수정 B
[Verse1] 에이아이 작곡, 쉽고 빠르게, 아이디어 반짝, 바로 만들게! 누구나 할 수 있어, 걱정 말게! 음악의 꿈을 이제 시작하게! [Chorus] 오땡큐 오땡큐, AI 작곡! 나만의 음악 함께 만들어봐 오땡큐 오땡큐, AI 작곡! 신나는 리듬 작곡이 즐거워! [Outro] 오땡큐!	[Intro] 에이아이 작곡, 쉽고 빠르게, 아이디어 반짝, 바로 만들게! 누구나 할 수 있어, 걱정 말게! 음악의 꿈을 이제 시작하게! [Outro] 오땡큐 오땡큐, AI 작곡! 나만의 음악 함께 만들어봐 오땡큐 오땡큐, AI 작곡! 신나는 리듬 작곡이 즐거워!

🎵 CM송 프롬프트 작성 요령

가사가 완성되었다면 아래 'CM송에 어울리는 태그 목록'을 참고해 프롬프트를 입력합니다. Suno나 Udio 어느 것을 이용해도 좋습니다. CM송은 장르에 국한되지 않지만 경쾌한 분위기에는 폴카, 따뜻한 분위기에는 어쿠스틱 팝, 신나는 분위기에는 락 계열 장르를 사용하면 각 분위기에 어울리는 음악을 효과적으로 생성할 수 있습니다.

CM송에 어울리는 태그 목록

장르	Polka(폴카), Acoustic Pop(어쿠스틱 팝), Pop Rock(팝 록), Soft Rock(소프트 록), Alternative Rock(얼터너티브 록), Rock & Roll(락 앤 롤)
타입	Kids Song(어린이 노래), Children's Music(어린이 음악), Television Music(텔레비전 음악), Jingle(광고 음악)
보컬	Male Vocalist(남성 보컬), Female Vocalist(여성 보컬), Kids Voice(어린이 목소리), Kids Vocalist(어린이 보컬)
분위기	Happy(행복한), Cute(귀여운), Cheerful(명랑한), Uplifting(기분 좋은), Lively(생기있는) Playful(장난기 있는), Energetic(에너지 넘치는), Passionate(열정적인), Bright(밝은), Fun(재미있는), Quirky(특이한), Punky(펑키한), Bittersweet(달콤씁쓸한), Mellow(온화한), Soft(부드러운), Warm(따뜻한), Love(사랑의), Sentimental(감성적인), Soothing(편안한), Romantic(로맨틱한), Optimistic(낙관적인), Melodic(멜로딕한)
악기	Accordion(아코디언), Acoustic Guitar(어쿠스틱 기타), Electric Guitar(일렉트릭 기타)

폴카 장르를 활용한 프롬프트 작성 예시

> **프롬프트** 30sec Music, Bright Polka, Cute Female Vocal, Happy, Cheerful, Jingle, Television Music
>
> 30초 음악, 밝은 폴카, 귀여운 여성 보컬, 행복한, 귀여운, 발랄한, 징글, 텔레비전 음악

- **30sec music:** Suno에서는 음악의 길이를 설정할 수 있는 옵션이 없습니다. 그러므로 원하는 길이의 음악을 생성하려면 프롬프트에 '30sec music' 또는 '30second length'와 같은 시간 관련 태그를 포함해야 합니다. 이때 길이 관련 태그는 매우 불안정하게 작동하므로, 가장 앞쪽에 배치하거나 대문자로 작성하여 영향력을 높이는 것을 추천합니다.

- **Polka:** 폴카(Polka)는 유럽의 민속 음악 중 하나로, 아코디언과 경쾌한 4분의 2박자를 특징으로 하는 댄스곡입니다. '쿵짝 쿵짝'으로 표현되는 폴카 리듬은 흔히 '뽕짝'이라고 불리기도 하며, 밝고 경쾌한 느낌을 주기 때문에 광고 음악 제작에 적합합니다. 폴카 리듬이 사용된 대표적인 광고 음악으로는 '오로나민C'가 있습니다.

- **Jingle, Television Music:** 징글(Jingle)은 광고에서 사용되는 5초 이내의 매우 짧고 상징적인 멜로디로, 맥도날드의 '빠라빠빠빠'나 SKT의 '생각대로T' 등이 대표적입니다. 텔레비전 음악(Television Music) 태그는 징글과 유사하게 기능하는 TV프로그램의 테마 음악을 의미하며, 대표적인 예로 뉴스의 오프닝 음악이 있습니다. 따라서 프롬프트에 해당 태그를 포함하면 광고 음악의 특성을 더욱 강조할 수 있습니다.

폴카와 락을 활용한 프롬프트 작성 예시

> **프롬프트** Pop Rock, Polka, Kids Vocalist, Happy, Uplifting, Energetic, Jingle, Television Music
>
> 팝 락, 폴카, 아동 보컬, 행복한, 기분 좋은, 에너지 넘치는, 징글, 텔레비전 음악

- **Pop Rock + Polka**: 폴카에 락 계열의 장르를 조합하면 폴카 리듬에 밴드 사운드가 믹스된 음악을 생성할 수 있습니다. 폴카와 조화가 잘 되는 락의 세부 장르에는 Pop Rock(팝 록), Soft Rock(소프트 록), Alternative Rock(얼터너티브 록), Rock & Roll(락 앤 롤)이 있으며, 이들은 대중적이면서도 약간 빠른 템포를 가지고 있어 폴카뿐만 아니라 다른 여러 장르와도 쉽게 어우러집니다.

> **TIP** Udio에서 짧은 음악을 생성할 때는 다음과 같이 Advanced Controls을 설정하면 됩니다. Advanced Controls 관련 자세한 설명은 103쪽을 참고하세요.
>
>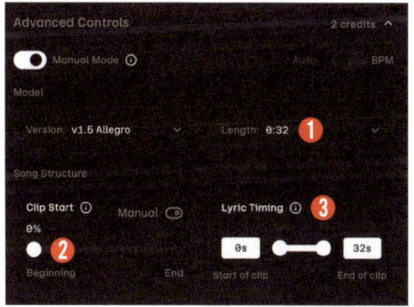
>
> ▲ Udio Advanced Controls 설정
>
> ❶ Length: 광고 음악에 적합한 32초 길이로 선택합니다.
> ❷ Clip Start: 음악의 시작 부분인 [0%]에 맞춰야 가장 자연스럽게 시작할 수 있습니다
> ❸ Lyric Timing: 각각 [0s]와 [32s], 또는 [0s]와 [Auto]로 설정합니다.

락 계열을 중복 활용한 프롬프트 작성 예시

> **프롬프트** Male Vocalist, Soft Rock, Pop Rock, Pop, Epic, Energetic, Bittersweet, Festive, Passionate, Melodic
>
> 남성 보컬, 소프트 락, 팝 락, 팝, 웅장한, 에너지 넘치는, 달콤씁쓸한, 축제의, 열정적인, 멜로딕한

- **Soft Rock + Pop Rock:** 장르를 입력할 때 하나의 장르만 고집하는 것보다는 비슷한 계열의 장르를 조합했을 때 더욱 효과적인 결과물을 얻을 수 있습니다. 예를 들어 'Pop Rock(팝 락)'이나 'Acoustic Pop(어쿠스틱 팝)'처럼 이름에 유사성이 있는 장르들을 조합하면 하나의 장르를 단독으로 사용했을 때보다 대중적이고 친숙한 음악이 생성될 확률이 높아집니다.

- **Bittersweet:** 락이나 펑크처럼 신나는 장르의 음악은 종종 예상보다 템포가 너무 빠르거나 보컬이 다소 격앙된 상태로 음악이 생성될 수 있습니다. 이럴 땐 'Bittersweet(달콤씁쓸한)'과 같은 차분한 분위기의 태그를 추가하면 전체적인 분위기의 균형을 잡는 데 도움이 됩니다.

> **TIP** CM송 만들기의 태그 목록과 프롬프트 예시들은 응원가를 만들 때에도 매우 유용하게 사용할 수 있습니다. 이번 내용을 참고해 나만의 응원가 만들기에도 도전해 보세요!

LESSON 03
에스파 스타일의 K-pop 만들기

'에스파'는 인간과 AI아바타가 한 팀으로 이루어진 최초의 메타버스 아이돌 그룹입니다. 독창적인 세계관과 화려한 비주얼, 실험적인 음악으로 케이팝의 새로운 영역을 개척한 에스파 스타일의 음악을 만들어 보겠습니다.

쇠 같은 차갑고 거친 사운드 에스파는 '현실 세계의 멤버들이 가상 세계의 또 다른 자아인 ae(아이)와 교감하며 새로운 세계를 모험한다'라는 독특한 스토리텔링을 가지고 있습니다. 이러한 세계관을 반영하듯, 에스파의 음악에는 금속성의 사운드가 자주 등장합니다.

금속성 사운드는 말 그대로 금속이 부딪치거나 울리는 듯한 소리의 질감을 의미합니다. 예를 들어 드럼의 하이햇과 심벌즈, 쇠 파이프가 충격을 받을 때 나는 소리, 스테인리스 컵을 젓가락으로 두드릴 때 나는 소리, 종이나 거대한 철판이 울릴 때 발생하는 공명, 기계가 돌아가며 생기는 마찰음 등이 이에 해당합니다. 이러한 금속성 사운드들은 대체로 거칠고 날카로우면서도 차갑고 반짝이는 느낌을 주기 때문에, 에스파 특유의 세련되고 미래지향적인 분위기와 완벽하게 어우러집니다.

> 관련 태그 Mechanical, Futuristic, Glitch, Alien Fx 등

예측 불가한 매력의 하이퍼 팝 감성 에스파의 음악은 독특하고 실험적인 스타일로 주목받았습니다. 로봇처럼 변조된 보컬, 고전 게임을 연상시키는 효과음,

하나의 트랙 안에 여러 개의 곡이 공존하는 듯한 해체적인 구성 등 기존 케이팝과는 차별화된 파격적인 요소들이 인상적입니다.

이처럼 과감하고 도전적인 음악적 시도는 '하이퍼 팝(Hyper-pop)'이라는 장르의 특성과 밀접하게 맞닿아 있습니다. 하이퍼 팝은 전통적인 팝 음악의 틀을 과감히 깨고 과잉의 미학을 추구하는 장르입니다. 대표적인 특징으로는 극도로 가공된 보컬, 과장된 사운드 디자인, 장르 혼합, 빠르고 불규칙한 리듬 전환, 그리고 게임 문화에서 영감을 받은 사운드 샘플 등이 있습니다. 자칫 낯설고 이질적으로 들릴 수 있는 요소들을 에스파는 자신들만의 스타일로 소화하며, 케이팝 시장에서 확고한 존재감을 드러내고 있습니다.

> **관련 태그** Hyperpop, Experimental 등

중독성 강한 캐치한 멜로디와 가사 한 번 들으면 머릿속을 맴도는 중독성 강한 멜로디와 가사도 에스파 음악에서 빼놓을 수 없는 매력입니다. Next Level의 I'm on the Next Level, Drama의 Drama-ma-ma-ma, Savage의 Get me get me now 등 코러스 파트에서 에스파가 들려주는 독특한 리듬과 가사는 청자의 호기심을 자극하고 강렬한 인상을 남깁니다.

> **관련 태그** Catchy, Rhythmic, Hypnotic 등

웅장함에 웅장함을 더하는 808베이스 '808베이스'는 전자 드럼 머신의 한 종류인 'TR-808'에서 유래된 이름입니다. 808베이스는 원래 킥 드럼 사운드이지만, 특유의 묵직하고 깊은 저음으로 베이스처럼 활용되는 경우가 많아 808베이스로 불리게 되었습니다.

808베이스의 매력은 강한 울림과 진동을 통해 단순한 청각을 넘어 몸으로 체감되는 에너지를 전달한다는 점입니다. 이는 음악에 기분 좋은 긴장감과 고조감, 몰입감 높은 청각적 경험을 만들어냅니다. 초기에는 트랩(Trap) 장르에서 주로 사용되었으나, 현재는 케이팝을 비롯한 힙합, EDM 등 다양한 장르에서 폭넓게 사용되고 있습니다.

관련 태그 Tr-808, 808 Bass, Trap 등

에스파 스타일 음악의 프롬프트 작성하기

아래는 에스파의 음악 스타일처럼 어둡지만 화려하고 웅장한 분위기의 케이팝 음악을 생성할 때 유용한 태그 목록입니다.

에스파 스타일 케이팝 음악에 어울리는 태그 목록

장르	Pop(팝), K-pop(케이팝), Electronic pop(일렉트로닉 팝), Dance-pop(댄스팝), Synth pop(신스팝), Contemporary R&B(컨템포러리 알앤비), Alternative R&B(얼터너티브 알앤비),
보조 장르	Hyperpop(하이퍼팝), Tech House(테크 하우스), Trap Edm(트랩 Edm)
보컬	Girl Group (걸그룹), Pop Rap(팝 랩), Boy Group(보이 그룹), Powerful Young Girl Vocalist(파워풀한 어린 소녀 보컬),
분위기	Metallic(금속성의), Dark(어두운), Urban(도시적인), Quirky(개성 있는), Rhythmic(리듬감 있는), Sensual(관능적인), Powerful(강렬한), Anxious(불안한), Hypnotic(최면에 걸린), Playful(장난기 있는), Energetic(에너지 넘치는), Boastful(자신감 있는), Futuristic(미래적인), Catchy(중독성 있는), Experimental(실험적인), Magnificent(웅장한), Aggressive(공격적인), Passionate(열정적인), Wild(자유분방한), Party(파티의), Club(클럽의), Hedonistic(쾌락적인),

악기	Metallic Synth Lead(금속성 신스 리드), Futuristic Synth Lead(미래적인 신스 리드), Heavy Bassline(묵직한 베이스라인), Tr-808 / 808 Bass(808베이스), Alien Fx Sound(외계 효과음), Spacey Fx Sound(우주 효과음), Glitch Fx Sound(글리치 효과음)

하이퍼팝 장르를 활용한 프롬프트 작성 예시  음악 감상하기

> **프롬프트** K-pop with Hyperpop Influences, Electronic Pop, Heavy Basslines, Futuristic Synth Bass, Club, Rhythmic, Boastful, Dark, Catchy
>
> 하이퍼팝의 영향을 받은 케이팝, 일렉트로닉 팝, 묵직한 베이스라인, 미래적인 신스 베이스, 클럽, 리듬감 있는, 자신감 있는, 어두운, 중독성 있는

- **K-pop with Hyperpop Influences:** 하이퍼팝은 개성이 매우 강한 장르이기 때문에, 'K-pop, Hyperpop'처럼 병렬로 태그를 입력하면 음악 전체가 하이퍼팝 중심으로 흘러갈 수 있습니다. 이럴 땐 'K-pop With Hyperpop Influences' 또는 'K-pop, Hyperpop Influences'와 같이 입력하면 케이팝을 중심으로 하이퍼팝의 요소만 자연스럽게 녹여낼 수 있습니다.

- **Futuristic Synth Bass:** 태그 목록에 있는 'Futuristic Synth Lead'(신스 리드 소리)를 신스 베이스 소리로 응용하여 입력할 수 있습니다.

테크 하우스 장르를 활용한 프롬프트 작성 예시

> **프롬프트** K-pop, Tech House Influences, Heavy Basslines, Metallic Synth Lead, Rhythmic, Boastful, Hedonistic, Wild, Sensual, Catchy, Dance-pop
>
> 케이팝, 테크 하우스의 영향, 묵직한 베이스라인, 금속성의 신스 리드, 리듬감 있는, 자신감 있는, 쾌락적인, 자유분방한, 관능적인, 중독성 있는, 댄스팝

- **Tech house:** '테크 하우스'는 EDM의 하위 장르로, 반복적인 하우스 리듬에 테크노 특유의 기계적이고 실험적인 사운드가 어우러진 것이 특징입니다. 테크 하우스 장르를 사용한 에스파의 대표곡으로는 'Whiplash'가 있습니다.

트랩 장르를 활용한 프롬프트 작성 예시

> **프롬프트** K-pop With Trap EDM Influences, Girl Group, Dark, Aggressive, Passionate, Magnificent, Powerful, Anxious, Contemporary R&B, TR-808, Dance-Pop
>
> 트랩의 영향을 받은 케이팝, 걸그룹, 어두운, 공격적인, 열정적인, 웅장한, 강렬한, 불안한, 컨템포러리 알앤비, TR-808, 댄스팝

- **Trap EDM:** '트랩(Trap)'은 미국 남부에서 시작된 힙합의 하위 장르로, 빠르고 촘촘한 하이햇 리듬, 무거운 808베이스, 어둡고 공격적인 분위기가 특징입니다. '트랩 EDM'은 여기에 EDM의 드롭, 신디사이저 등의 전자 음악 요소가 결합된 장르로, 트랩의 분위기와 리듬감은 유지하면서 보다 역동적이고 에너지 넘치는 분위기를 연출합니다. 트랩 EDM 장르를 사용한 에스파의 대표곡으로는 'Savage'가 있습니다.

> **TIP** 블랙핑크, 베이비몬스터와 같은 스타일의 케이팝 음악을 만들고 싶다면 트랩 EDM 장르를 적극 활용해 보세요.

- **Contemporary R&B:** 많은 케이팝의 음악은 알앤비의 보컬 테크닉을 참고하고 있습니다. 그 중에서도 '컨템포러리 알앤비(Contemporary R&B)'는 전통적인 알앤비 감성에 현대적인 사운드와 프로덕션이 더해진 장르로, 서구권 주류 음악에서 자주 등장하는 팝적이고 친숙한 멜로디 라인을 생성하는 데 매우 효과적인 태그입니다.

> **TIP** 참고로 '얼터너티브 알앤비(Alternative R&B)'는 컨템포러리 알앤비의 하위 장르로, 보다 실험적이고 독특한 멜로디와 분위기를 연출하고자 할 때 효과적입니다.

LESSON 04

뉴진스 스타일의 K-pop 음악 만들기

2022년 걸그룹 '뉴진스'의 등장은 화려한 사운드와 고음이 주를 이루던 케이팝 시장을 '이지 리스닝(Easy Listening)'의 시대로 이끌었습니다. 앨범마다 감각적이고 신선한 음악으로 사랑받는 뉴진스 스타일의 음악을 만들어 보겠습니다.

뉴진스 스타일 음악의 특징

이지 리스닝(Easy Listening) 이지 리스닝은 말 그대로 듣기에 편안한 음악을 의미합니다. 이지 리스닝을 추구하는 음악들은 대체로 부드럽고 친숙한 멜로디, 느리거나 중간 템포의 안정적인 리듬, 단순한 코드 진행, 균형 잡힌 볼륨, 기승전결이 뚜렷하지 않은 평면적인 음악 구조 등의 특징을 지닙니다.

뉴진스의 음악 역시 이러한 특징들을 쉽게 찾아볼 수 있습니다. 편안하고 여유로운 분위기, 서정적인 멜로디와 가사, 각 멤버의 음색을 자연스럽게 살린 보컬, 그리고 이를 돋보이게 하는 미니멀한 사운드 편곡 등 세련된 절제미를 잘 보여 줍니다. 특히 케이팝의 상징처럼 여겨지던 고음 파트나 랩 파트 등 극적인 요소들을 과감히 배제하고, 음악 전체에 안정적이고 일관된 흐름을 유지하는 데 초점을 맞추고 있습니다.

관련 태그 Dreamy, Laidback, Soothing, Mellow 등

새롭게 그려내는 Y2K 감성 Y2K는 1990년대 말에서 2000년대 초에 유행했던 문화 전반을 아우르는 개념으로, 뉴진스의 그룹 콘셉트 전반에 깊이 녹아 있는 주요 특징 중 하나입니다. 하이틴 스타일, 나비 모티브, 글리터 장식, 저화질 그래픽, 싸이월드 등 디지털 문화가 급격히 확산하던 시기에 형성된 독특한 미적 요소들이 특징이며, 오늘날 '뉴트로(New+Retro)' 트렌드와도 긴밀하게 연결되어 있습니다.

뉴진스는 이러한 Y2K 감성을 시각과 청각의 유기적인 연출을 통해 효과적으로 구현했습니다. VHS 비디오를 연상케 하는 따뜻하고 빈티지한 사운드, 추억 속으로 빨려 들어가는 듯한 아련하고 몽환적인 허밍, 하이틴 감성을 극대화하는 맑고 청량한 보컬 톤 등 다양한 음악적 요소를 통해 복고적이면서도 트렌디한 분위기을 자아냅니다.

> **관련 태그** Dreamy, Laidback, Soothing, Mellow 등

90년대 사운드의 재탄생 뉴진스의 Y2K 콘셉트는 시각적 연출이나 분위기를 넘어서, 장르적인 측면에서도 뚜렷하게 드러납니다. 뉴진스의 음악은 기본적으로는 세련된 댄스 팝을 지향하지만, 기저에는 저지클럽, 드럼 앤 베이스, 마이애미 베이스 등 1990년대부터 2000년대 초까지 유행했던 장르들이 오늘날의 감각적이고 현대적인 스타일로 정제되어 자연스럽게 자리하고 있기 때문입니다.

이러한 접근 방식은 이전 세대에게는 독특한 향수를, 현세대에게는 신선함과 호기심을 불러일으키며 대중의 큰 호응을 끌어냈습니다. 특히 당대의 거칠고 직선적인 비트 위에 뉴진스 특유의 여리고 섬세한 보컬을 얹는 방식은 기존 케이팝과는 차별화된, 뉴진스만의 독자적인 음악 색깔을 완성하는 데 큰 역할을 했습니다.

관련 태그 Miami Bass, Jersey Club, Drum And Bass 등

🎵 뉴진스 스타일 음악의 프롬프트 작성하기

아래는 뉴진스의 음악 스타일처럼 힙하고 청량한 분위기의 케이팝 음악을 생성할 때 유용한 태그 목록입니다.

뉴진스 스타일 케이팝 음악에 어울리는 태그 목록

장르	Pop(팝), K-pop(케이팝), Electronic Pop(일렉트로닉팝), Dance-pop(댄스팝), Synthpop(신스팝), Contemporary R&B(컨템포러리 알앤비), Alternative R&B(얼터너티브 알앤비)
보조 장르	Drum and Bass(드럼앤베이스), Liquid Dnb(리퀴드 드럼앤베이스), Jersey Club(저지 클럽), Miami Bass(마이애미 베이스), Uk Garage(Uk개러지)
보컬	Girl Group(걸 그룹), Young Girl Vocalist(어린 소녀 보컬), Dreamy Young Girl Vocalist(몽환적인 어린 소녀 보컬), Teen Girl Vocalist(10대 소녀 보컬), Mellow Teen Girl Vocalist(몽환적인 어린 소녀 보컬)
분위기	Dreamy(몽환적인), Urban(도시적인), Groovy(그루브한), Sensual(관능적인), Boastful(자신감 있는), Playful(장난기 있는), Energetic(에너지 넘치는), Cheerful(명랑한), Uplifting(기분 좋은), Lush(풍부한), Optimistic(낙관적인), Cute(귀여운), Girlish(소녀스러운), Summer(여름의), Laidback(느긋한), Bittersweet(달콤씁쓸한), Mellow(온화한), Soft(부드러운), Catchy(중독성 있는), Happy(행복한), Soothing(편안한), Melodic(멜로딕한)
악기	Pluck(플럭), Heavy Bassline(묵직한 베이스라인), Tr-808 / 808 Bass(808베이스)

드럼 앤 베이스 장르를 활용한 프롬프트 작성 예시

> **프롬프트** K-pop, Dreamy Young Girl Vocalist, Drum and Bass, Dance-pop, Contemporary R&B, Groovy, Dreamy, Urban, Sensual, Bittersweet
>
> 케이팝, 몽환적인 어린 소녀 보컬, 드럼 앤 베이스, 댄스팝, 컨템포러리 알앤비, 그루브한, 몽환적인, 도시적인, 관능적인, 달콤씁쓸한

- **Drum and Bass:** '드럼 앤 베이스(Drum and Bass)'는 '정글(Jungle)'에서 파생된 장르로, BPM 160 이상의 매우 빠른 템포와 복잡하고 변칙적인 리듬, 강렬한 베이스가 특징인 댄스 음악입니다. 드럼 앤 베이스 장르를 사용한 뉴진스의 대표곡으로는 'Right Now'가 있습니다.

> **TIP** '정글(Jungle)'은 자메이카의 '레게'와 '댄스홀'이라는 음악에서 영감을 받아 영국에서 탄생한 장르로, 드럼 앤 베이스의 전신이라 할 수 있습니다. 두 장르는 유사한 리듬 패턴을 공유하지만, 정글은 더 빠르고 거칠고 날것의 느낌이 강하지만, 드럼 앤 베이스는 보다 정제된 사운드와 구조적인 리듬 패턴을 특징으로 합니다.
> '리퀴드 드럼 앤 베이스(Liquid Dnb)'는 기존 드럼 앤 베이스에서 멜로디와 리버브를 강조한 스타일로, 감성적이고 몽환적인 분위기를 더욱 돋보이게 할 때 활용하기 좋은 태그입니다.

저지 클럽 장르를 활용한 프롬프트 작성 예시

> **프롬프트** Jersey Club, K-pop, Rhythmic, Boastful, Soothing, Lush, Dreamy, Girlish, Melodic, Teen Girl Vocalist, Contemporary R&B
>
> 저지 클럽, 케이팝, 리드미컬한, 자신감 있는, 편안한, 풍부한, 몽환적인, 소녀스러운, 멜로딕한, 10대 소녀 보컬, 컨템포러리 알앤비

- **Jersey Club:** '저지 클럽(Jersey Club)'은 하우스 기반의 댄스 음악으로, '쿵-쿵-쿵쿵쿵'으로 묘사되는 3연음의 스타카토 킥 패턴이 특징입니다. 저지 클럽 장르를 사용한 뉴진스의 대표곡으로는 'Ditto'가 있습니다.

마이애미 베이스 장르를 활용한 프롬프트 작성 예시 음악 감상하기

> **프롬프트** Miami Bass, Dance-pop, Happy, Catchy, Uplifting, Playful, Cute, Laidback, Groovy, Optimistic, Sensual, Alternative R&B, Girl Group, TR-808
>
> 마이애미 베이스, 댄스팝, 행복한, 중독성 있는, 기분 좋은, 장난기 있는, 귀여운, 느긋한, 그루브한, 낙관적인, 관능적인, 컨템포러리 알앤비, 걸 그룹, 808베이스

- **Miami Bass:** '마이애미 베이스(Miami Bass)'는 힙합을 기반으로 한 댄스 음악으로, 복잡한 드럼 패턴과 밝고 신나는 분위기, TR-808 사운드가 특징입니다. 마이애미 베이스 장르를 사용한 뉴진스의 대표곡으로는 'How Sweet'가 있습니다.

> **TIP** 참고할 만한 주요 태그
> - UK Garage: 영국에서 탄생하였으며 하우스의 4/4 킥과 2-Step 리듬, 알앤비의 부드러운 분위기 등이 결합된 EDM의 하위 장르입니다. UK개러지 장르를 사용한 뉴진스의 대표곡으로는 'OMG'가 있습니다.
> - Pluck: 현악기 줄을 튕길 때 발생하는 짧고 경쾌한 사운드입니다. 전자 음악에서는 통통 튀는 밝고 가벼운 분위기를 연출할 때 주로 사용되지만, EQ, 딜레이, 리버브 등의 이펙터를 통해 몽환적이고 따뜻한 느낌으로도 변형이 가능하기 때문에 장르와 관계없이 다양하게 활용됩니다.

LESSON 05
박재정 스타일의 발라드 음악 만들기

발라드는 느린 템포와 서정적인 멜로디로 사랑과 이별, 그리움 등 인간의 깊은 감정을 노래하는 장르입니다. 실연의 경험이 없는 AI가 과연 이별 노래를 제대로 만들 수 있을까요? 한국 대중음악 역사에서 오랜 시간 꾸준히 사랑받은 발라드 음악을 만들어 보겠습니다.

발라드 음악의 특징

피아노 선율로 그려내는 감정의 흐름 발라드는 피아노를 중심으로 악기 구성이 이루어지는 경우가 많습니다. 특히 인트로에서 피아노 솔로로 시작한 뒤, 기타와 드럼으로 사운드를 확장하고, 코러스에서 현악기(스트링)가 포함된 오케스트레이션을 추가해 감정을 터트리는 식의 점진적인 악기 구성은 발라드의 전형적인 편곡 방식으로 여겨집니다. 발라드에서의 피아노 선율은 곡의 분위기를 즉각적으로 설정하며, 보컬과 함께 감정선을 전달하는 핵심 요소로 작용합니다.

> **관련 태그** Piano, Emotional Piano, Sentimental Piano, Strings 등

서사적이고 극적인 멜로디 전개 발라드는 다른 장르에 비해 서사적이고 극적인 멜로디 전개 방식을 자주 취합니다. 이로 인해 코드 진행이 비교적 복잡한 경우가 많고, 도입부와 클라이맥스 간의 대비가 매우 뚜렷한 편입니다.

일반적으로 발라드는 도입부에서는 낮고 부드러운 멜로디를 사용해 절제되고 차분한 분위기를 조성합니다. 곡이 전개될수록 감정의 강도는 점차 고조되며,

이에 따라 멜로디의 음역과 높낮이 변화도 함께 커집니다. 그리고 마침내 클라이맥스에 이르면 폭발적인 고음과 함께 감정이 분출되고, 청자에게 강렬한 인상과 깊은 여운을 남깁니다. 이처럼 ==발라드는 감정의 기승전결을 음악적으로 구현함으로써, 듣는 이로 하여금 마치 한 편의 드라마를 보는 듯한 깊은 몰입감과 카타르시스를 선사합니다.==

> **관련 태그** Dramatic, Epic, Emotional, Passionate

그 시절 우리가 사랑한 록발라드 '록발라드'는 발라드에 록 음악의 요소가 결합된 장르로, 우리나라에서는 1990년대에서 2000년대 초반 큰 인기를 끌었습니다. 곡의 전개 방식과 악기 구성은 일반 발라드와 유사하지만, 간주에서의 화려한 일렉트릭 기타 솔로, 파워풀한 드럼, 록 밴드 특유의 보컬 톤과 창법 등에서 차이를 보입니다. '록발라드'라는 용어는 주로 동아시아권에서 통용되며, 서구권에는 '소프트 록', '파워 발라드' 등으로 불립니다.

> **관련 태그** Soft Rock, Power Ballad, J-rock, Electric Guitar Solo 등

🎵 발라드 가사 작성 요령

메타 태그에 악기 설명 추가하기

도입부의 피아노 연주나 간주의 일렉트릭 기타 솔로처럼, 발라드는 전형적이고 특징적인 악기 전개 방식이 자주 활용됩니다. 따라서 메타 태그로 파트를 구분할 때 'Sentimental Piano Instrumental', 'Electric Guitar Solo'와 같이 악

기 관련 태그를 추가하면 해당 파트에서 특정 악기가 강조되어 발라드 특유의 감성을 효과적으로 살릴 수 있습니다. 이러한 메타 태그 활용법은 발라드 이외에도 폭넓게 활용됩니다.

> **예시**
> [Intro: Sentimental Piano Instrumental]
> [Interlude: Electric Guitar Solo]
> 간주의 경우 파트 구분을 생략하여 [Electric Guitar Solo]로 입력 가능

가사에 애드리브 추가하기

발라드에서 애드리브는 감정을 더욱 풍부하게 표현하는 데 있어 **빼놓을 수 없는 요소입니다**. 인트로와 간주, 또는 노래 중간에 Um(음), Oh(오), Ah(아), Yeah(예), Woo(우), Woh(워) 등을 입력하면 멜로디에 적절한 애드리브를 추가할 수 있습니다.

> **예시1** 노래 중간에 짧은 애드리브
> [Verse]
> 너의 손을 잡아도
> 이젠 느낄 수 없는
> 예전의 온기가
> 가끔 난 그리워 Um
>
> **예시2** 인트로나 간주 중 긴 애드리브
> [Intro: Sentimental Piano Instrumental]
> Ummmm
> Woo Yeaaahhh

가사 늘리기

발라드는 일반적으로 60~80BPM`사이의 느린 템포이므로, 빠른 템포의 음악보다 상대적으로 더 많은 가사가 필요합니다. 따라서 발라드의 가사를 작성할 때는 파트당 8줄씩, 한 줄당 7글자 내외(총 50~60자 사이)를 기준으로 작성합니다. 이때, 애드리브도 글자 수에 포함됩니다.

[Verse]	글자 수
너의 손을 잡아도	7
이젠 느낄 수 없는	7
예전의 온기가	6
가끔 난 그리워 Um	7
하지만 지친 내 맘	7
네게 다가갈 수가 없어	9
차라리 지금이	6
서로 편할 테니까	7

멜로디가 엉뚱하게 생성될 때

가사의 분량이 많아지면, 멜로디가 원치 않는 위치에서 끊기거나 리듬이 어긋나는 등 의도와는 다르게 생성되는 빈도가 잦아집니다. 이를 해결하기 위해서는 새로운 메타 태그를 추가해 가사의 구조를 더욱 명확히 구분해 주는 것이 좋습니다.

예를 들어 [Verse] 다음에 [Verse repeat]을 추가해 4줄 단위로 나누면, [Verse repeat] 구간은 앞선 [Verse] 구간의 멜로디를 반복하여 안정적인 멜로디를 생성할 수 있습니다. 또는 한 파트를 [Verse1], [Verse2]로 나누면, 악기 편곡에는 큰 변화 없이 일관성을 유지하면서 자연스러운 멜로디 전개가 가능합니다.

예시 1	예시 2	글자 수
[Verse]	[Verse1]	
너의 손을 잡아도	너의 손을 잡아도	7
이젠 느낄 수 없는	이젠 느낄 수 없는	7
예전의 온기가	예전의 온기가	6
가끔 난 그리워 Um	가끔 난 그리워 Um	7
[Verse repeat]	[Verse2]	
하지만 지친 내 맘	하지만 지친 내 맘	7
네게 다가갈 수가 없어	네게 다가갈 수가 없어	9
차라리 지금이	차라리 지금이	6
서로 편할 테니까	서로 편할 테니까	7

글자 수를 맞추기 어려울 때

발라드의 가사는 리듬이나 운율보다는 내용의 흐름이 더 중요하게 작용합니다. 이로 인해 글자 수를 일정하게 맞추기 어려운 경우가 종종 발생하는데, 이럴 때는 억지로 단어를 채우기보다 하고 싶은 이야기를 그대로 써내려 가는 것을 추천합니다.

발라드는 당김음, 못갖춘마디 등과 같은 요소로 인해 멜로디와 리듬이 다른 장르보다 비교적 복잡하고 유연하게 구성되는 경우가 많습니다. 따라서 템포에 맞는 적절한 가사 분량만 갖춰진다면, 오히려 더 자연스러운 멜로디가 생성되는 경우도 있습니다.

만약 어느 정도 구조적인 틀을 유지하면서도 유연함을 살리고 싶다면, 6줄로 이루어진 3x3 구조를 활용하는 방법도 있습니다. 발라드는 9마디, 12마디 등 8마디 정형을 벗어난 구성도 자주 사용되기 때문에, 6줄 구성도 효과적인 선택지가 될 수 있습니다.

[Bridge]	글자 수	구조
사랑했던 지난 날	7	AAC-ABC
찬란했던 지난 날	7	
마치 존재한 적 없던 것 같아	11	
그리움으로 번진	7	
함께했던 모든 계절에	9	
나는 홀로 서있어 널 기다려	11	

🎵 발라드 음악의 프롬프트 작성하기

아래는 발라드 음악을 생성할 때 유용한 태그 목록입니다. 장르1 태그를 중심으로 프롬프트를 작성하면 전통적인 발라드가, 장르2 태그를 중심으로 작성하면 록발라드 스타일의 음악이 생성됩니다. 다만 두 장르 간 차이가 크지 않기 때문에 이를 뒷받침할 보컬, 분위기, 악기 등 세밀한 태그의 조합이 필요합니다.

발라드 음악에 어울리는 태그 목록

장르1 (발라드)	Adult Contemporary(어덜트 컨템포러리), Sentimental Ballad(감성적인 발라드), Pop Ballad(팝 발라드), Power Ballad(파워 발라드), Korean Ballad(한국 발라드), Contemporary R&B(컨템포러리 알앤비)
장르2 (록발라드)	Pop Rock(팝 록), Soft Rock(소프트 록), Acoustic Rock(어쿠스틱 록), Symphonic Rock(심포니 록), Alternative Rock(얼터너티브 록), J-rock(일본록)
보컬	Male Vocalist(남성 보컬), Female Vocalist(여성 보컬), Powerful Male Vocalist(파워풀한 남성 보컬), Soulful Female Vocalist(소울풀한 여성 보컬)

분위기	Dramatic(극적인), Epic(서사적인), Emotional(감정적인), Sentimental(감성적인), Melancholic(우울한), Bittersweet(달콤씁쓸한), Tender(부드러운), Magnificent(웅장한), Passionate(열정적인), Intense(강렬한), Soulful(소울풀한), Mellow(온화한), Soft(부드러운), Warm(따뜻한), Love(사랑의), Sad(슬픈), Longing(그리운), Lonely(외로운), Romantic(로맨틱한), Introspective(내성적인), Lyrical(서정적인), Melodic(멜로딕한)
악기	Piano(피아노), Emotional Piano(감정적인 피아노), Sentimental Piano(감성적인 피아노), Strings(현악기), Symphonic(교향곡), Orchestration(관현악), Electric Guitar(일렉트릭 기타)

발라드 장르를 활용한 프롬프트 작성 예시 음악 감상하기

> **프롬프트** Female Vocalist, Sentimental Piano, Adult Contemporary, Sentimental Ballad, Dramatic, Epic, Emotional, Melodic, Introspective, Soft Rock
>
> 여성 보컬, 감성적인 피아노, 한국 발라드, 극적인, 서사적인, 감정적인, 멜로딕한, 자기성찰적인, 소프트 록, 어덜트 컨템포러리

- **Sentimental Piano:** 가사의 메타 태그에 악기 설명을 추가했다면 프롬프트에도 동일한 내용을 입력하여 영향력을 높일 수 있습니다.

- **Adult Contemporary:** 우리가 흔히 즐겨 듣는 현대 발라드 음악은 영어권에서 '어덜트 컨템포러리(Adult Contemporary)', '센티멘탈 발라드(Sentimental Ballad)', '팝 발라드(Pop Ballad)' 등 여러 명칭으로 불립니다. 이들은 기원과 발전 과정에는 차이가 있지만, 음악적으로 많은 특징들을 공유해 서로 대체 가능한 용어로 사용됩니다.

- **Soft Rock:** 소프트 록(Soft Rock)은 70~100BPM의 미디엄 템포에, 부드럽고 따뜻한 어쿠스틱 사운드와 멜로디를 중심으로 하는 록의 하위 장르입니다. 어덜트 컨템포러리가 소프트 록에서 발전한 장르이기 때문에 두 태그의 시너지가 좋은 편이며, 일반적인 발라드보다 약간 빠른 템포의 리듬감 있는 발라드 음악을 생성할 때 활용하기 좋습니다. 이 밖에 태그 목록의 팝 록, 어쿠스틱 록 태그를 조합했을 때도 유사한 효과를 얻을 수 있습니다.

록발라드 장르를 활용한 프롬프트 작성 예시

> **프롬프트** Male Vocalist, Piano, Korean Ballad, Power Ballad, Dramatic, Epic, Emotional, Melodic, Bittersweet, Passionate, Electric Guitar, Symphonic, J-rock
>
> 남성 보컬, 피아노, 한국 발라드, 파워 발라드, 극적인, 서사적인, 감정적인, 멜로딕한, 달콤씁쓸한, 열정적인, 일렉트릭 기타, 교향곡, 일본 록

- **Power Ballad:** 어덜트 컨템포러리가 소프트 록에서 파생되었다면, 파워 발라드(Power Ballad)는 하드 록에서 파생된 장르입니다. 그러므로 발라드의 형식을 취하지만, 이름 그대로 강렬한 드럼 연주와 화려한 일렉트릭 기타, 거칠고 파워풀한 보컬이 특징입니다. 한국 대중음악에서 흔히 '록 발라드'라고 불리는 음악들이 이에 해당됩니다.

- **Electric Guitar:** 역동적인 일렉트릭 기타 연주는 록 발라드의 상징입니다. 록 발라드 음악을 만들 때는 특히 [Electric Guitar Solo] 메타 태그를 꼭 활용해 보세요!

- **Symphonic:** 록 발라드는 코러스 파트에 웅장한 오케스트라 편곡이 자주 등장합니다. Symphonic, Orchestration, Strings, Symphonic Rock 등 오케스트라와 관련 태그들을 조합하면 이를 구현할 수 있습니다.

- **J-rock:** 일본록 음악을 지칭하는 용어입니다. 의미가 매우 포괄적이므로 하나의 스타일로 단정하기는 어렵지만, 여기서는 1990년대 일본록 음악의 전성기를 이끈 비주얼계 하드 록, 소프트 록, 얼터너티브 록을 중심으로 설명합니다.

  이 시기의 일본록 음악들은 화려한 비주얼, 거친 사운드, 감성적인 멜로디와 보컬, 드라마틱한 편곡 구성 등으로 인기가 높았는데, 이는 같은 시기 한국의 록 발라드 유행에도 적지 않은 영향을 주었습니다. 따라서 J-rock은 90년대 감성의 록 발라드 느낌을 연출하고 싶을 때 시도하기 좋은 태그입니다.

LESSON 06
장범준 스타일의 포크/컨트리 음악 만들기

포크/컨트리 음악은 기타를 중심으로 한 어쿠스틱 사운드와 소박하고 진솔한 가사가 매력적인 장르입니다. 일상의 순간들을 노래하는 감성적인 포크/컨트리 음악을 만들어 보겠습니다.

포크와 컨트리는 모두 미국에서 기원한 음악 장르로, 상호 영향을 주고받으며 발전해 왔기 때문에 공통점이 많습니다. 사회적 맥락에서 클래식이 백인 귀족 음악을, 재즈와 블루스가 흑인 서민 음악을 대표한다면 포크와 컨트리는 백인 서민 음악을 대표한다고 할 수 있습니다.

포크(Folk) 포크(Folk)는 '민속 음악'을 뜻하지만, 대중음악에서 포크는 20세기 중반 미국에서 일어난 '포크 리바이벌(Folk Revival)'을 거쳐 발전한 '현대 포크 음악(Contemporary Folk Music)'을 의미합니다. 초기 포크 음악은 20세기 중반 미국의 사회 · 정치적 상황을 반영한 저항과 반항의 메시지를 담은 가사가 주를 이루었으며 저항의 상징처럼 여겨졌습니다. 이후 포크 아티스트들이 자신을 '싱어송라이터'라 칭하며 개인의 내면과 창의성을 표현하기 시작했고, 가사의 주제도 점차 다양해졌습니다. 이 과정에서 포크는 대중적인 성공을 거두며 상업 음악으로 자리매김하였고, 오늘날의 현대 포크 음악으로 발전했습니다.

음악적 특징으로는 기타와 하모니카 중심의 사운드, 비교적 느린 템포, 소박한 음향, 차분한 분위기, 단순한 코드 진행 등이 있습니다. 포크는 훗날 포크 팝,

포크 록, 인디 포크 등 다양한 하위 장르로 확장되었으며, 컨트리, 팝, 록 등 여러 장르의 발전에도 큰 영향을 끼쳤습니다.

컨트리 컨트리(Country)는 이름에서 알 수 있듯이 미국 남부와 서부의 농촌 문화에서 기원했습니다. 초기에는 고향에 대한 향수, 삶의 애환, 농촌의 풍경 등 개인적인 경험을 바탕으로 한 자전적인 가사가 주를 이루었으나, 대중음악으로 발전하면서 사랑, 이별, 일상 등 다양한 주제로 확장되었습니다.

컨트리는 포크에 블루스, 가스펠 등이 결합해 어쿠스틱 기타 중심의 편곡, 서사적인 가사, 서정적인 멜로디 등 여러 면에서 포크와 유사한 특징을 보입니다. 다만 포크에 비해 비교적 빠른 템포를 사용해 밝고 경쾌한 분위기를 지니며, 어쿠스틱 기타 외에도 드럼, 베이스, 일렉트릭 기타 등 다양한 악기가 동반됩니다. 컨트리 록, 컨트리 팝 등 다양한 하위 장르로 발전했으며, 특히 블루스와 함께 '록(Rock)' 장르 형성에 중요한 역할을 했습니다.

포크/컨트리 음악의 프롬프트 작성하기

포크/컨트리 음악에 어울리는 태그 목록

아래는 포크/컨트리 음악을 생성할 때 유용한 태그 목록입니다. 차분하고 서정적인 분위기의 음악을 원한다면 '포크'를, 밝고 경쾌한 분위기의 음악을 원한다면 '컨트리'를 중심으로 프롬프트를 조합해 보세요.

장르 (포크)	Folk Pop(포크 팝), Folk Rock(포크 록), Contemporary Folk(컨템포러리 포크), Urban Folk(어반 포크), Indie Folk(인디 포크), Soft Rock (소프트 록), Acoustic Pop (어쿠스틱 팝)

장르 (컨트리)	Country Pop(컨트리 팝), Country Rock(컨트리 록), Contemporary Country(컨템포러리 컨트리), Honky Tonk(홍키 통크), Nashville Sounds(네슈빌 사운드), Truck Driving Country(트럭 운전수 컨트리), Outlaw Country(아웃로 컨트리), Regional Music(지방 음악), Northern American Music(북아메리카 음악)
보컬	Singer-songwriter(싱어송라이터), Male Vocalist(남성 보컬), Female Vocalist(여성 보컬)
분위기	Happy(행복한), Cheerful(명랑한), Uplifting(기분 좋은), Passionate(열정적인), Soothing(편안한), Romantic(로맨틱한), Optimistic(낙관적인), Rebellious(반항적인), Peaceful(평화로운), Nostalgic(향수를 부르는), Lively(활기찬), Melancholic(우울한), Bittersweet(달콤씁쓸한), Mellow(온화한), Soft(부드러운), Warm(따뜻한), Melodic(멜로딕한), Longing(그리운), Sentimental(감성적인), Introspective(내성적인), Pastoral(목가적인), Poetic(시적인)
악기	Steel-string Acoustic Guitar(통기타), Finger-style Guitar(핑거스타일 기타), Harmonica(하모니카)

포크 록을 활용한 작성 예시

프롬프트 Folk Rock, Folk Pop, Singer-songwriter, Male Vocalist, Passionate, Optimistic, Uplifting, Longing, Nostalgic, Introspective, Melodic, Romantic, Soft Rock, Fingerstyle Guitar

포크 록, 포크 팝, 싱어송라이터, 남성 보컬, 열정적인, 낙관적인, 기분 좋은, 그리운, 향수를 부르는, 내성적인, 멜로딕한, 로맨틱한, 소프트 록, 핑거스타일 기타

- **Singer-songwriter:** '싱어송라이터(Singer-songwriter)'는 포크/컨트리 음악을 만들 때 가장 추천하는 보컬 태그입니다. 일반적인 팝 보컬보다 꾸미지 않은 듯한 담백한 창법과 자연스러운 음색이 특징입니다.

- **Fingerstyle Guitar:** '핑거스타일 기타(Fingerstyle Guitar)'는 기타 한 대로 멜로디와 코드, 리듬을 동시에 연주하는 기법입니다. 코드만을 연주하는 스트로크, 아르페지오 연주법보다 고도의 창의성과 기술, 표현력을 요구하기 때문에, 특히 포크/컨트리처럼 기타를 중심으로 하는 장르에서 더욱 풍부하고 완성도 높은 음악을 만들 수 있다는 장점이 있습니다.

> **TIP** 다양한 장르에서 간주 대신 [Fingerstyle Guitar Solo] 메타 태그를 활용해 보세요.

컨트리 팝 장르를 활용한 프롬프트 작성 예시 음악 감상하기

> **프롬프트** Male Vocalist, Country Pop, Country Rock, Northern American Music, Regional Music, Melodic, Pastoral, Introspective, Love, Bittersweet, Sentimental, Rebellious, Energetic, Warm
>
> 남성 보컬, 컨트리 팝, 컨트리 락, 북아메리카 음악, 지방 음악, 멜로딕한, 목가적인, 내성적인, 사랑의, 달콤쌉쌀한, 감성적인, 반항적인, 에너지 넘치는, 따뜻한

- **Northern American Music:** 컨트리처럼 지역 특색이 담긴 음악을 만들 때, '북아메리카 음악(Northern American Music)'이나 '지방 음악(Regional Music)'과 같은 지역 관련 태그를 함께 입력하면 해당 장르의 고유한 특성이 더욱 강조됩니다.

홍키 통크 장르를 활용한 프롬프트 작성 예시

프롬프트 Country Pop, Northern American Music, Honky Tonk, Uplifting, Cheerful, Passionate, Rebellious, Lively, Nashville Sound

컨트리 팝, 북아메리카 음악, 홍키 통크, 기분 좋은, 발랄한, 열정적인, 반항적인, 활기찬, 네슈빌 사운드

- **Honky Tonk:** '홍키 통크(Honky Tonk)'는 텍사스의 오래된 펍이나 도로 옆 식당에서 흘러나올 법한 스타일의 컨트리 음악입니다. 미디엄 템포의 경쾌한 리듬, 직설적이고 사실적인 가사, 자유롭고 반항적인 분위기, 거친 기타와 블루지한 바이올린 연주 등이 특징이며, 현대적인 감성의 컨트리 팝보다는 빈티지하고 투박한 올드팝 감성의 컨트리 음악을 생성할 때 유용한 태그입니다.

- **Nashville Sound:** 1950년대 미국 테네시주 네슈빌에서 시작된 컨트리 음악의 하위 장르입니다. 거칠고 투박한 홍키 통크 스타일에 스트링 세션, 백업 보컬, 세련된 믹싱 등 팝 적인 요소를 더해, 부드럽고 대중적인 사운드로 발전시켰습니다.

> **TIP** 참고할 만한 주요 프롬프트
> - Outraw Country: 1970년대 컨트리 음악의 상업성과 형식주의에 반발해 등장했습니다. 세련되고 정제된 네슈빌 사운드와는 반대로, 날것 그대로의 가사, 블루스와 록의 영향을 받은 거친 기타, 반항적이고 방랑적인 분위기 등 오리지널 홍키 통크의 매력을 잘 살린 것이 특징입니다. 보통 홍키 통크와 함께 'Honky Tonk & Outlaw Country' 형태로 사용하면 효과적입니다.
> - Truck Driving Country: 1960~70년대 미국의 장거리 트럭 운전사들의 삶과 애환을 담은 컨트리의 하위 장르입니다. 태그 목록에 있는 컨트리 장르 중 가장 빠른 템포를 지니며, 쉼 없이 달리는 듯한 리듬감과 경쾌한 기타 리프가 특징입니다. 낡은 트럭의 라디오에서 흘러나오는 듯한 정취의 컨트리 음악을 생성하고 싶다면 활용해 보세요!

MEMO

CHAPTER

07

영화 음악 생성을 위한 프롬프트 실습

영화 음악은 단순한 배경 음악을 넘어 관객의 감정을 창조하고, 마지막 순간까지 깊은 여운을 남기는 예술 도구입니다. 다양한 영화 음악 장르의 특징과 그에 맞는 프롬프트 작성법을 살펴보겠습니다.

Lesson 01. 반지의 제왕 스타일의 판타지/SF 영화 음악 만들기

Lesson 02. 지브리 스타일의 로맨스/드라마 영화 음악 만들기

Lesson 03. 007 스타일의 액션/스파이 영화 음악 만들기

Lesson 04. 사이코 스타일의 공포/스릴러 영화 음악 만들기

LESSON 01
반지의 제왕 스타일의 판타지/SF 영화 음악 만들기

'반지의 제왕' 속 위대한 여정부터, '어벤져스'의 인류의 운명을 건 초능력 전투까지! 시네마틱 클래식을 활용한 웅장하고 신비로운 분위기의 판타지/SF 영화 음악을 만들어 보겠습니다.

🎵 영화 음악의 특징

영상과 함께하는 음악 영화 음악은 본질적으로 '영상과 함께하는 음악'이라는 특성이 있습니다. 그래서 팝, 록, 발라드와 같은 대중음악부터 전자 음악, 뉴에이지, 시네마틱 클래식, 앰비언트 음악에 이르기까지, 영상의 분위기와 정서를 가장 잘 표현할 수 있는 다양한 스타일의 음악이 활용됩니다.

이러한 음악의 스타일을 결정짓는 요소에는 영화의 장르, 분위기, 시대적 배경과 같은 전반적인 특성도 있지만, 각 장면(Scene)의 시간, 장소, 계절, 날씨와 같은 환경적 요소, 그리고 인물의 감정, 갈등, 사건, 사고와 같은 심리적 요소에 따라 달라지기도 합니다. 따라서 영화 음악을 생성할 때에는 이러한 구체적인 영상 정보를 프롬프트에 반영하는 것이 음악의 완성도를 높이는 중요한 작성 포인트입니다.

> **관련 태그** Theme of, Scene of, About 등

영화 음악의 꽃, 시네마틱 클래식 시네마틱 클래식은 전통 클래식 음악의 오케스트라 악기 편성과 작곡 기법을 바탕으로, 영화, 드라마, 게임 등의 영상 매체를 위해 제작된 배경 음악입니다. 섬세하고 차분한 감정 표현부터 긴장감과 박진감, 폭발적인 카타르시스까지 다양한 연출과 극적인 대비가 가능해, 마치 한 편의 대서사시를 듣는 듯한 깊은 감동을 선사합니다.

이 때문에 시네마틱 클래식은 모든 영화 장르에서 가장 폭넓게 활용되며, '영화 음악의 꽃'이라 불립니다. 특히 판타지와 SF 영화에서 진가를 발휘하는데, '스타워즈', '캐리비안의 해적', '아바타'와 같은 거대한 스케일의 모험과 세계관을 표현할 때, 화려하고 웅장한 오케스트라 사운드는 영화의 몰입감과 감동을 극대화하는 가장 효과적인 수단이기 때문입니다. 이번 실습에서 역시 '시네마틱 클래식'을 중점적으로 다룹니다.

> **관련 태그** Cinematic Classical, Western Classical Music, Film Score 등

보컬이 없는 인스트루멘탈 위주의 구성 영화 음악은 배경 음악이라는 특성상, 반드시 보컬을 필요로 하지 않습니다. 대사나 내레이션을 방해하지 않기 위해 오히려 순수한 인스트루멘탈 구성이 더 적합한 경우가 많습니다.

따라서 시네마틱 클래식처럼 보컬이 필요 없는 음악을 생성할 때 **[Instrumental]** 옵션이 활성화되어 있는지 꼭 확인해 주세요.

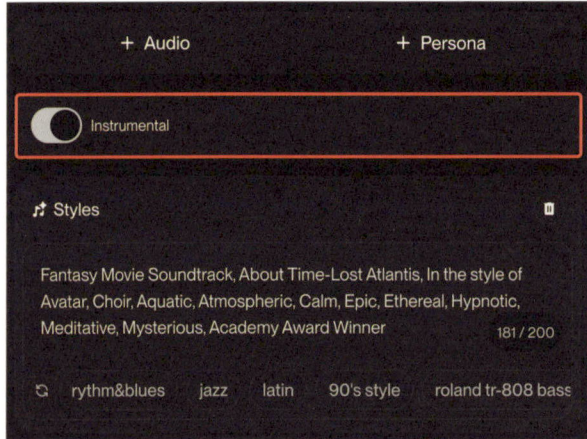

▲ Suno 인스트루멘탈

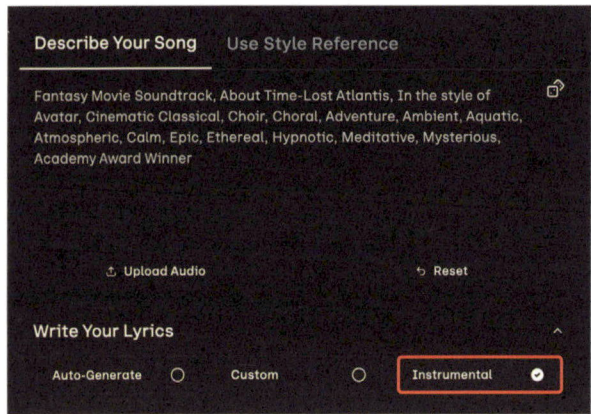

▲ Udio 인스트루멘탈

🎵 판타지/SF 영화 음악 프롬프트 작성 요령

타입 설정하기

타입은 장르보다 상위 개념으로, 음악의 유형이나 사용 목적을 의미합니다. 보통의 대중음악이라면 별도로 지정하지 않지만 광고, 영화, 게임, 뮤지컬처럼 특정 용도로 사용하는 음악이라면 타입을 설정해 주는 것이 좋습니다.

예를 들어, 영화 음악이라면 프롬프트에 'Film Score(영화 음악)'를 입력하거나, 영화 장르까지 덧붙여 'Fantasy Film Score(판타지 영화 음악)'라고 입력하여 해당 장르의 서사와 분위기를 담은 인스트루멘탈 음악을 생성할 수 있습니다.

~ Film Score / Score / Movie Soundtrack / Soundtrack	
판타지 세부 장르	Fantasy(판타지), Adventure(어드벤처), Adventure Fantasy(어드벤처 판타지), Historical Fantasy(역사 판타지)
SF 세부 장르	Sci-Fi(공상 과학), Space(우주), Post-apocalyptic(포스트 아포칼립스), Dystopian(디스토피아), Superhero(슈퍼히어로)
작성 예시	Fantasy Film Score, Space Movie Soundtrack

테마 설정하기

테마는 음악이 표현할 주제나 장면입니다. 시간, 장소, 계절, 날씨, 사건, 사고 등 자유롭게 입력해도 되지만, 문장이 아닌 키워드 형태로 입력하는 것이 좋습니다. 다음은 판타지/SF 영화 음악에서 활용할 수 있는 테마입니다.

	Theme of / About / Scene of ~
판타지 테마	Secret of Ancient Artifact(고대 유물의 비밀) Power of Legendary Sword(전설 검의 힘) Return of Legendary Hero(전설 영웅의 귀환) Forbidden Witch Spell(마녀의 금단 주문) Duel of Wizards(마법사 결투) Dark Lord's Schemes(어둠 군주의 음모) Final Showdown With Dark Lord(어둠 군주와 최후 결전) Enchanted Castle(마법의 성) Haunted Castle(유령의 성) Enchanted Forest(환상의 숲) Majesty of Medieval Kingdom(중세 왕국의 위엄) Magical Creatures of Enchanted Forest(마법 숲의 생물들) Glowing Underwater City(빛나는 해저 도시) Mysterious Deep-Sea Creatures(신비한 해저 생물들) Time-lost Atlantis(시간을 잃은 아틀란티스) Water Spirits(물의 정령)
SF 테마	Grandeur of the Galactic Empire(은하 제국의 웅장함) Galactic War(은하 전쟁) Lonely Voyage of the Spaceship(우주선의 고독한 항해) Exploring the Unknown Planet(미지의 행성 탐사) Power of the Robot Army(로봇 군대의 위력) Experiments of the Secret Lab(비밀 연구소의 실험) Chaos of Dimension Shifting(차원 이동의 혼란) Time Loop(타임 루프) Rebellion of the Ai(인공지능의 반란) Superpower Battle(초능력 전투) Cyberpunk City(사이버펑크 도시)
작성 예시	Theme of Time-lost Atlantis, Scene of Superpower Battle

스타일 설정하기

때로는 프롬프트에 특정 아티스트나 작품 이름을 직접 언급하는 것이 효과적일 수 있습니다. 예를 들어, 'In the Style of + 아티스트 이름'을 입력하면 아티스트 고유의 음악 스타일을, 'Inspired by + 작품명'을 입력하면 작품의 사운드 트랙을 참고한 음악을 생성할 수 있습니다. 이러한 태그는 영화 음악 이외에도 대중음악을 생성할 때 활용할 수 있는 유용한 프롬프트 기법입니다.

In the Style of / Inspired by ~	
대표 아티스트	John Williams(존 윌리엄스), Hans Zimmer(한스 짐머)
대표 작품(판타지)	Harry Potter(해리 포터), Indiana Jones(인디아나 존스), Pirates of Caribbean(캐리비안의 해적), Lord of the Rings(반지의 제왕), The Witcher(더 위쳐), 왕좌의 게임(Game of Thrones) 등
대표 작품(SF)	Star Wars(스타워즈), 쥬라기 공원(Jurassic Park), Superman(슈퍼맨), Inception(인셉션), Interstellar(인터스텔라), 어벤져스(Avengers), 아바타(Avatar) 등
작성 예시	In the Style of John Williams, Inspired by Star Wars

TIP 스타일을 입력할 때는, AI가 학습했을 것으로 예상되는 널리 알려진 아티스트나 작품명을 사용하는 것이 효과적입니다.

음악 장르 설정하기

판타지/SF 영화 음악에서 가장 많이 사용하는 장르는 시네마틱 클래식입니다. 따라서 오케스트라 기반의 웅장한 영화 음악을 생성할 때에는 'Cinematic Classical' 태그를 중심으로 프롬프트를 작성합니다. 이때 '오케스트라'에 해당하는 태그들을 추가로 입력하면 프롬프트의 영향력을 높일 수 있습니다.

반면, '더 위쳐'나 '왕좌의 게임'처럼 중세 세계관을 바탕으로 한 고전 판타지에는 조금 더 차분한 분위기의 음악이 필요할 때도 있습니다. 이럴 때는 '민속 음악' 장르를 함께 조합하면 효과적입니다. 예를 들어, 시네마틱 클래식에 'Celtic

Music(켈틱 음악)'을 더하면 하프, 휘슬 같은 전통 악기와 민속 음악 특유의 고전적인 선율이 어우러져 이국적이고 신비로운 분위기의 음악을 생성할 수 있습니다.

Music Genre	
오케스트라	민속 음악
Cinematic Classical(시네마틱 클래식) Western Classical Music(서양 클래식) Classical Music(클래식 음악) Chamber Music(소규모 실내 앙상블) Grand Orchestra(그랜드 오케스트라) Symphonic(심포닉)	Celtic Music, Celtic Folk Music(켈틱 음악) Arabic Folk Music(아랍 민속 음악) Turkish Folk Music(터키 민속 음악) African Folk Music(아프리카 민속 음악) Neoclassical Darkwave(신고전 다크웨이브) Regional Music(지방 음악)

보컬 설정하기

영화 음악 만들기에서 사용할 보컬 태그는 가창 목적이 아닌, 사람의 목소리를 악기처럼 활용해 음향 효과를 연출하는 용도입니다. 예를 들어, 'Choir(성가대)'는 웅장하면서도 종교적이고 신성한 분위기를 극대화하는 데 매우 효과적입니다. 또한 몽골 전통 후두 창법 'Khoomei(흐미)'는 한 사람이 동시에 두 가지 이상의 음을 내는 독특한 보컬 기법으로, 원래 중앙아시아의 초원, 전설, 신비로움을 표현할 때 자주 쓰이지만, 활용 방식에 따라 묘한 긴장감과 불쾌감을 자아내며 '블레이드 러너'와 같은 디스토피아적인 분위기 연출에도 탁월합니다.

Vocal
Choir(성가대), Female Choir(여성 성가대), Male Choir(남성 성가대), Choral(합창), Mongolian Throat Singing(몽골 전통 후두 창법), Tuvan Throat Singing(투반식 후두 창법), Khoomei(흐미), Polyphonic(폴리포닉)

분위기 설정하기

아래는 판타지/SF 영화 음악 분위기에 어울리는 태그 목록입니다. 'Cinematic' 과 'Epic'을 중심으로, 원하는 분위기에 맞게 태그를 조합해 보세요.

Mood		
Adventure(모험)	Energetic(에너지 넘치는)	Ominous(불길한)
Aggressive(공격적인)	**Epic**(서사적인)	Pastoral(목가적인)
Ambient(잔잔한)	Ethereal(천상의)	Peaceful(평화로운)
Anxious(불안한)	Ethnic(민족적인)	Poetic(시적인)
Aquatic(수중의)	Experimental(실험적인)	Psychedelic(환각적인)
Atmospheric(공간감 있는)	Futuristic(미래적인)	Quirky(엉뚱한)
Christian(기독교의)	Galactic(갤럭틱, 은하의)	Religious(종교적인)
Calm(차분한)	Gothic(고딕 양식의)	Sad(슬픈)
Cinematic(시네마틱)	Hypnotic(최면을 일으키는)	Sombre(침울한)
Cold(차가운)	Inspiration(영감을 주는)	Space Ambient (우주 분위기)
Cosmic(우주의)	**Lush**(풍부한)	Spiritual(영적인)
Dark(어두운)	Magnificent(웅장한)	Suspenseful (긴장감 넘치는)
Dense(자욱한)	Majestic(위엄 있는)	Tense(긴장된)
Dramatic(극적인)	Magical(마법의)	Tribal(부족의)
Dreamy(몽환적인)	Medieval(중세의)	**Triumphant**(환희의)
Dynamic(역동적인)	Meditative(명상적인)	War(전쟁)
Emotional(감정적인)	**Mysterious**(신비로운)	

악기 추가하기

다음 태그 목록은 시네마틱 클래식에 사용하는 대표적인 악기들입니다. AI가 기본적으로 적절한 악기 구성을 배치히지만, 특별히 강조하고 싶은 악기가 있다면 각 악기의 특징을 참고하여 태그를 추가할 수 있습니다.

종류	세부 악기	특징
현악기(활)	Cello(첼로), Double Bass(더블 베이스), Viola(비올라), Violin(바이올린)	부드럽고 섬세한 감정 표현
금관악기	Horn(호른), Trombone(트롬본), Trumpet(트럼펫), Tuba(튜바)	웅장하고 힘찬 분위기
목관악기	Bassoon(바순), Clarinet(클라리넷), Flute(플루트), Oboe(오보에)	맑고 따뜻한 음색
건반악기	Organ(오르간)	신성하고 장엄한 분위기
현악기(플럭)	Harp(하프), Mandolin(만돌린)	맑고 반짝이는 음색

판타지/SF 영화 음악 생성 프롬프트 예시

음악 감상하기

아바타 스타일의 판타지 영화 음악

> **프롬프트** Fantasy Movie Soundtrack, About Time-lost Atlantis, In the Style of Avatar, Cinematic Classical, Choir, Choral, Adventure, Ambient, Aquatic, Atmospheric, Calm, Epic, Ethereal, Hypnotic, Meditative, Mysterious, Academy Award Winner, Soundtrack, Score, Grand and Triumphant Orchestra from Climax to Outro
>
> 타지 영화 사운드트랙, 시간 속에 잃어버린 아틀란티스 제국, 아바타 스타일, 시네마틱 클래식, 성가대, 합창, 모험의, 잔잔한, 수중의, 공간감 있는, 차분한, 서사적인, 천상의, 최면을 일으키는, 명상적인, 신비로운, 아카데미 수상작, 사운드트랙, 영화 음악, 클라이맥스부터 아웃트로까지 웅장하고 환희에 찬 오케스트라

- **Academy Award Winner**: '아카데미 수상작(Academy Award Winner)' 태그는 유명 영화 음악에서 자주 쓰이는 특징적 요소를 반영하여, 이질적이고 부자연스러운 음악이 생성될 가능성을 낮춥니다.

- **A Grand and Triumphant Orchestra from Climax to Outro:** 영화 음악은 대중음악과 달리 정형화된 구조가 없기 때문에, 원하는 전개를 구현하기가 훨씬 어렵습니다. 따라서 '클라이맥스부터 아웃트로까지 웅장하고 환희에 찬 오케스트라'와 같이 특정 구간에 대한 구체적인 지시를 입력하면 의도에 가까운 결과를 기대할 수 있습니다.

> **TIP** Score vs. Soundtrack
> 스코어(Score)는 영화 장면에 맞춰 작곡된 음악으로, 주로 인스트루멘탈 위주의 배경 음악을 의미합니다. 반면 사운드트랙(Soundtrack)은 영화에 사용된 모든 음악을 아우르는 개념으로, 배경 음악뿐만 아니라 삽입곡과 주제가 등 다양한 곡들을 포함합니다.

더 위처 스타일의 고전 판타지 영화 음악

프롬프트 Historical Fantasy Film Score, About the Secret of the Ancient Artifact, Cinematic Classical, Celtic Music, Celtic Folk Music, Regional Music, Calm, Peaceful, Epic, Ethnic, Hypnotic, Medieval, Meditative, Mysterious, Ominous, Spiritual

역사 판타지 영화 음악, 고대 유물의 비밀, 시네마틱 클래식, 켈틱 음악, 켈틱 민속 음악, 지방 음악, 차분한, 평화로운, 서사적인, 민족적인, 최면을 일으키는, 중세의, 명상의, 신비로운, 불길한, 영적인

- **Celtic Music, Celtic Folk Music:** '켈틱 음악(Celtic Music)'은 아일랜드, 스코틀랜드 등 켈트 문화권의 전통 음악입니다. 하프, 휘슬, 피들 등의 악기와 신비롭고 목가적인 선율이 특징이며, 중세 판타지 장르에서 자주 사용됩니다.

- **Regional Music:** 민속 음악 태그와 함께 사용하면 해당 장르가 가진 고유한 정서와 지역적 색채가 더욱 강조됩니다.

> **TIP** 유용한 민속 음악 태그
> - Arabic Folk Music(아랍 민속 음악): 중동 지역의 전통 음악입니다. 우드(Oud), 카눈(Qanun), 다르부카(Darbuka) 등의 전통 악기를 사용하며, 이국적이고 매혹적인 분위기를 자아냅니다.
> - Turkish Folk Music(터키 민속 음악) : 터키 지역의 전통 음악으로, 아랍과 중앙아시아 음악의 영향을 받았습니다. 사즈(Bağlama), 네이(Ney), 칸운(Kanun), 다르부카(Darbuka) 등의 전통 악기를 사용하며, 서정적이고 감성적인 느낌입니다.
> - African Folk Music(아프리카 민속 음악): 다양한 아프리카 지역의 전통 음악으로, 타악기 중심의 리듬과 반복적인 구조가 특징입니다. 생동감 넘치고 에너지 있는 분위기를 연출합니다.
> - Neoclassical Darkwave(신고전 다크웨이브): 클래식 음악과 '다크웨이브'라는 전자음악 장르가 결합해 탄생한 장르로, 고딕적인 신비로움과 어둡고 음침한 분위기를 지니고 있습니다.

어벤져스 스타일의 슈퍼히어로 영화 음악

> **프롬프트** Superhero Movie Soundtrack, scene of a Superpower Battle, Cinematic Classical, Classical Music, Western Classical Music, Electric, In the Style of Hans Zimmer, Aggressive, War, War, Triumphant, Psychedelic, Suspenseful, Lush, Futuristic, Epic, Energetic, Hypnotic
>
> 슈퍼히어로 영화 사운드트랙, 초능력 전쟁 장면, 시네마틱 클래식, 클래식 음악, 서양 클래식, 한스 짐머 스타일, 공격적인, 전쟁, 전쟁, 환희의, 환각적인, 긴장감 넘치는, 풍부한, 미래적인, 서사적인, 에너지 넘치는, 최면을 일으키는

- **Hans Zimmer:** '라이온킹', '다크나이트', '인셉션', '인터스텔라' 등 수많은 유명 영화의 사운드트랙을 작곡한 영화 음악계의 거장입니다. 한스 짐머 태그를 사용하면 웅장하고 감동적인 시네마틱 클래식 음악을 생성할 수 있습니다.

> **TIP** '존 윌리엄스(John Williams)'는 '스타워즈', '해리 포터', '쥬라기 공원', 'E.T' 등 수많은 명작의 사운드트랙을 작곡한 할리우드 영화 음악의 전설입니다. 존 윌리엄스 태그를 활용해 화려하고 모험심 가득한 시네마틱 클래식에 도전해 보세요.

LESSON 02

지브리 스타일의
로맨스/드라마 영화 음악 만들기

지브리 스튜디오 작품은 특유의 따뜻한 그림체와 아름다운 음악, 동화 같은 이야기로 아이부터 어른까지 모두를 동심의 세계로 안내합니다. 뉴에이지 음악을 활용한 지브리 스튜디오 스타일의 로맨스/드라마 영화 음악을 만들어 보겠습니다.

지브리 스튜디오 음악의 특징

마음을 어루만지는 따뜻한 멜로디 지브리의 음악은 듣고 있으면 특유의 서정적이고 따뜻한 분위기 덕분에 마음이 치유되는 듯한 기분을 느끼게 합니다. 이는 지브리의 음악이 '뉴에이지 음악(New-age Music)'의 요소를 지닌 세미 클래식 장르이기 때문입니다.

뉴에이지 음악은 정서적 편안함과 내면의 안정을 추구하는 장르로, 명상과 휴식을 목적으로 탄생하였습니다. 뚜렷한 형식은 없지만, 편안하고 차분한 분위기, 피아노를 중심으로 한 심플한 악기 편성, 자연의 소리를 담은 앰비언트 사운드 등을 주요 특징으로 볼 수 있습니다. 지브리의 음악 역시 곡 전체가 피아노 솔로로 이루어지거나 피아노를 중심으로 전개되는 경우가 많으며, 영화의 분위기를 닮은 동화적이고 부드러운 선율이 듣는 이에게 조용한 위로와 마음의 휴식을 선물합니다.

관련 태그 Ghibli, New-age, Piano, Calm, Peaceful, Repetitive 등

> **TIP** 뉴에이지 vs. 시네마틱 클래식

	뉴에이지(New-age)	시네마틱 클래식 (Cinematic Classical)
목적	명상, 휴식, 치유, 심리적 안정	영화 · 드라마 · 게임 등의 배경 음악
분위기	서정적, 동화적, 몽환적, 자연친화적	웅장함, 긴장감, 화려함
음악적 특징	부드럽고 반복적인 멜로디, 미니멀리즘, 기복이 적고 섬세한 전개	서사적인 멜로디, 화려한 관현악 편곡, 변주가 많고 극적인 전개
악기 구성	피아노 솔로 또는 피아노를 포함한 2~3개의 악기로 이뤄진 단순한 구성	현악기, 금관악기, 목관악기, 타악기 등 전통 오케스트라 구성

우아하고 로맨틱한 왈츠 리듬 지브리의 수많은 명곡 가운데 대표작으로 손꼽히는 '센과 치히로의 행방불명'의 'Always with Me'와 '하울의 움직이는 성'의 '인생의 회전목마'에는 공통의 특징이 있습니다. 바로 왈츠 리듬, 즉 4분의 3박자를 사용했다는 점입니다.

왈츠는 19세기 유럽의 사교계를 대표하는 춤곡으로, 흔히 '쿵짝짝 쿵짝짝'으로 묘사되는 리듬 패턴을 지닙니다. 원을 그리는 듯한 유려하고 부드러운 흐름이 특징이며, 이로 인해 마치 궁전의 무도회에 있는 듯한 우아하고 로맨틱한 분위기를 자아냅니다.

이러한 특성의 왈츠 리듬은 고전적인 우아한 분위기나 서정적이고 동화적인 정서를 표현할 때 자주 사용됩니다. 왈츠 리듬을 사용한 대표적인 클래식 곡으로는 쇼팽의 '녹턴(Nocturne)', 쇼스타코비치의 '세컨드 왈츠(The Second Waltz)', 차이코프스키의 '꽃의 왈츠(Waltz of the Flowers)' 등이 있으며, 영화 사운드트랙으로는 '올드보이'의 '미도 테마(The Last Waltz)', '웰컴투동막

골'의 '썰매의 왈츠(A Waltz of Sleigh)', '장화 홍련'의 '돌이킬 수 없는 걸음(Epilogue)', 디즈니 애니메이션 'Up'의 'Married Life' 등이 있습니다.

> **관련 태그** Waltz, European Music, Nocturne, the Second Waltz 등

🎵 로맨스/드라마 영화 음악 태그 목록

타입 설정하기

~ Film Score / Score / Movie Soundtrack / Soundtrack
Romantic Comedy(로맨틱 코미디), Melodrama(멜로 드라마), Teen Drama(청소년 드라마), Family Drama(가족 드라마), Animated/Anime(애니메이션), Japanimation(일본 애니메이션)

테마 설정하기

Theme of / About / Scene of ~
Summer Camp First Kiss(여름 캠프 첫 키스)
Awkward First Date(어색한 첫 데이트)
Meet-cute in a Bookstore(서점에서의 귀여운 만남)
Tearful Confession Under the Rain(비 오는 날 눈물의 고백)
Park Picnic Romance(공원 피크닉 로맨스)
Sunset-watching Couple(일몰 바라보는 커플)
Surprise Romantic Proposal(깜짝 로맨틱 프러포즈)
Tearful Train Goodbye(기차역 작별 인사)
Reunion After Years(오랜만의 재회)
Family Dinner Fight(가족 식사 중 논쟁)
Sibling Rivalry Clash(형제 경쟁 폭발)
Dramatic Reunion(극적인 화해)
Life-saving Surgery(생명을 구한 수술)
Tragic Accident(비극적 사고)

LESSON 02 지브리 스타일의 로맨스/드라마 영화 음악 만들기

Miracle Recovery(기적적 회복)
Grieving a Loved One(사랑하는 이의 죽음)
Doctor's Bad News(의사의 나쁜 소식)
Facing Inner Demons(내면의 악마와 직면)
First Road Trip With Friends(친구들과 첫 로드 트립)
Protest for Justice(정의를 위한 시위)
Lawyer's Final Plea(변호사의 최종 변론)
Defendant's Plea of Innocence(피고의 무죄 호소)
Overtime Title Game(연장전 챔피언 경기)
Coach's Pep Talk(코치의 격려 연설)

스타일 설정하기

	In the Style of / Inspired by ~
대표 아티스트	Ghibli(지브리), Hisaishi Joe(히사이시 조) Yuhki Kuramoto(유키 쿠라모토), Ryuichi Sakamoto(류이치 사카모토)
대표 작품	Notting Hill(노팅힐), Titanic(타이타닉), Cinema Paradiso(시네마 천국), Love Letter(러브레터), Moon Liver(문리버), Pretty Woman(귀여운 여인), City of Stars From Lala Land(라라랜드), Last Emperor(마지막 황제)
대표 작품 (왈츠)	Spirited Away(센과 치히로의 행방불명) Howl's Moving Castle(하울의 움직이는 성) Amélie, Yann Tiersen(아멜리에, 얀 티에르상) The Godfather(대부) The Second Waltz, Dmitri Shostakovich (세컨드 왈츠, 드미트리 쇼스타코비치) The Last Waltz From Old Boy(라스트 왈츠, 올드보이) Nocturne, Chopin(녹턴, 쇼팽) Married Life From Disney Up(결혼 생활, 디즈니 Up) Potter Waltz From Harry Potter(포터 왈츠, 해리포터)

음악 장르 설정하기

Music Genre		
오케스트라	뉴에이지	왈츠
Cinematic Classical (시네마틱 클래식) Western Classical Music (서양 클래식) Modern Classical Music (모던 클래식) Chamber Music (소규모 실내 앙상블) Chamber Pop (챔버 팝)	New-age (피아노/뉴에이지) Postminimalism (포스트 미니멀리즘) Easy Listening (이지 리스닝)	Waltz(왈츠) Musette(뮤제트) Chanson(샹송) French Music (프랑스 민속 음악) European Music (유럽 음악)

분위기 설정하기

Mood		
Airy(산뜻한) Cheerful(명랑한) Cute(귀여운) Energetic(에너지 넘치는) Epic(서사적인) Happy(행복한) Joyful(기쁨에 찬) Lively(활기찬) Optimistic(낙천적인) **Passionate**(열정적인) Playful(장난기 있는) Quirky(엉뚱한) Rebellious(반항적인) Sensual(관능적인) Summer(여름의) Uplifting(기분 좋은)	Inspiring(영감을 주는) Meditative(명상적인) Mellow(온화한) Melodic(선율적인) **Nostalgic**(향수를 부르는) Pastoral(목가적인) Peaceful(평화로운) Poetic(시적인) Romantic(로맨틱한) **Sentimental**(감성적인) Soft(부드러운) Soothing(편안한) Spring(봄의) Tender(부드러운) Warm(따뜻한) Lush(풍부한)	Atmospheric(분위기 있는) Autumn(가을의) Bittersweet(달콤씁쓸한) Dark(어두운) Depressed(우울한) Gloomy(우울한) Introspective(내성적인) Lonely(외로운) Longing(그리운) Love(사랑의) Melancholy(우울한) Repetitive(반복적인) Sad(슬픈) Sombre(침울한) Sorrowful(비통한) Tragic(비극적인)

악기 추가하기

Instrument
Piano Solo(피아노 솔로), Oboe Solo(오보에 솔로), Flute Solo(플루트 솔로), Cello Solo(첼로 솔로), Violin Solo(바이올린 솔로), Viola Solo(비올라 솔로), Accordion(아코디언)

로맨스/드라마 음악 생성 프롬프트 예시

지브리 스타일의 영화 음악 - 오케스트라 Ver.  음악 감상하기

> **프롬프트** Soundtrack, Ghibli, Hisaishi Joe, Waltz, Waltz, Waltz, About a First Road Trip With Friends, Playful, Happy, Passionate, Epic, Piano, Instrumental, Western Classical Music, Anime Soundtrack
>
> 사운드트랙, 지브리, 히사이시 조, 왈츠, 왈츠, 왈츠, 친구들과의 첫 로드 트립 테마, 장난기 있는, 행복한, 열정적인, 서사적인, 피아노, 인스트루멘탈, 서양식 클래식, 애니메이션 사운드트랙

- **Hisaishi Joe:** '히사이시 조(Hisaishi Joe)'는 '이웃집 토토로', '모노노케 히메', '센과 치히로의 행방불명', '하울의 움직이는 성' 등 수많은 지브리 스튜디오의 명곡을 탄생시킨 영화 음악의 대가입니다. 지브리 스튜디오를 이야기할 때 빠질 수 없는 인물로, '지브리(Ghibli)' 태그와 함께 사용하면 강력한 시너지를 발휘합니다.

지브리 스타일의 영화 음악 - 피아노 솔로 Ver.

프롬프트 Soundtrack, In the Style of Ghibli Studio, Hisaishi Joe, Piano Solo, Piano Instrumental, Theme of Tearful Train Goodbye, Longing, Nostalgic, Airy, Passionate, Melancholy, Bittersweet, Sentimental, New-age, Postminimalism, Repetitive

사운드트랙, 지브리 스튜디오 스타일, 히사이시 조, 피아노 솔로, 피아노 인스트루멘탈, 기차역 이별 테마, 그리운, 향수를 부르는, 산뜻한, 열정적인, 우울한, 달콤씁쓸한, 감성적인, 반복적인, 뉴에이지, 포스트 미니멀리즘

- **Postminimalism:** '포스트미니멀리즘(Postminimalism)'은 단순 구조와 반복적인 패턴을 특징으로 하는 기존 미니멀리즘 음악에 감정 표현과 선율적 아름다움을 더한 장르입니다. 뉴에이지 음악의 요소와 결합하면 하나의 메인 테마를 반복하면서 점진적으로 변주되는 형식의 음악을 생성할 수 있습니다.

- **Repetitive:** '반복적인'이라는 뜻으로, 특정 리듬이나 멜로디 패턴을 반복하고자 할 때 사용합니다.

아멜리에 스타일의 왈츠 음악

음악 감상하기

프롬프트 Romantic Comedy Soundtrack, Inspired By Amélie Film Score, Yann Tiersen, Waltz, Musette, Romantic, Passionate, Playful, Melancholy, Nostalgic, Repetitive, Chanson, Accordion, French Music

로맨틱 코메디 사운드트랙, 아멜리에 영화 음악에서 영감을 받은, 얀 티에르센, 왈츠, 뮤제트, 로맨틱한, 열정적인, 장난기있는, 우울한, 향수를 부르는, 반복적인, 샹송, 아코디언, 프랑스 음악

- **Musette:** '뮤제트(Musette)'는 프랑스 파리의 낭만과 정취를 상징하는 음악으로, 다소 빠른 템포의 3/4박자 왈츠 리듬과 아코디언 연주가 어우러져 고전적이

고 경쾌한 분위기를 연출합니다. 영화 '아멜리에'의 메인 테마 곡은 뮈제트 스타일을 대표적으로 보여주는 작품입니다.

- **Chanson:** '샹송(Chanson)'은 프랑스를 대표하는 대중가요입니다. 이야기하듯 노래하는 부드러운 보컬과 서정적인 가사, 섬세한 감정 표현이 특징이며 종종 왈츠 리듬이 사용되어 특유의 낭만적인 분위기를 자아냅니다. 예시에서는 뮈제트의 프랑스 감성과 왈츠 리듬을 강조하기 위해 사용되었습니다.

- **French Music:** '프랑스 음악(French Music)' 태그는 뮈제트와 샹송 태그의 영향력을 강화합니다. 유사한 기능을 하는 다른 태그로는 'European Music(유럽 음악)'이 있습니다.

올드보이 스타일의 왈츠 음악 음악 감상하기

> **프롬프트** Film Score, Soundtrack, Scene of A Tragic Accident, the Last Waltz From Old Boy, Waltz, Waltz, Cinematic Classical, Modern Classical, Sad, Dark, Longing, Bittersweet, Sombre, Sensual, Epic, Viola
>
> 영화 음악, 사운드트랙, 비극적 사고 장면, 올드보이의 라스트 왈츠, 왈츠, 왈츠, 시네마틱 클래식, 모던 클래식, 슬픈, 어두운, 그리운, 달콤쌉쌀한, 침울한, 관능적인, 서사적인, 비올라

귀여운 여인 스타일의 로맨틱 코미디 영화

> **프롬프트** Romantic Comedy Soundtrack, Film Score, Theme of An Awkward First Date, Inspired By Pretty Woman Soundtrack, Modern Classical, Happy, Cute, Cheerful, Uplifting, Playful, Energetic
>
> 로맨틱 코미디 사운드트랙, 영화 음악, 어색한 첫 데이트 테마, 귀여운 여인 사운드트랙에서 영감을 받은, 모던 클래식, 행복한, 귀여운, 발랄한, 기분 좋은, 장난기 있는, 에너지 넘치는

LESSON 03

007 스타일의
액션/스파이 영화 음악 만들기

비밀 요원의 은밀한 첩보 작전부터, 카우보이의 숨 막히는 결투까지! 서프 록과 스파게티 웨스턴을 활용한 스릴 넘치는 액션 영화 음악을 만들어 보겠습니다.

🎵 액션 영화 음악의 특징

007의 바로 그 기타 소리, 서프 록 미국 캘리포니아 남부의 서핑 문화와 록앤롤이 만나 탄생한 장르로, 중간에서 빠른 템포와 자유롭고 유쾌한 분위기, 일렉트릭 기타와 색소폰 연주가 특징입니다. 서프 록의 대표적인 매력은 '서프 기타(Surf Guitar)' 사운드에 있는데, 파도 소리를 묘사한 강한 리버브와 독특한 음색은 한 번 들으면 잊을 수 없는 강한 인상을 남기며, 낮은 음역에서 연주되는 빠르고 역동적인 트레몰로 주법은 마치 질주하는 듯한 속도감과 스릴, 경쾌함을 자아냅니다. 이 때문에 서프 기타 사운드는 다수의 액션 영화 음악에 활용되었으며, 영화 '007'의 '제임스 본드 테마' 이후 스파이 영화 음악의 상징적인 사운드로 자리 잡았습니다.

> **관련 태그** Surf Rock, Surf Guitar, Spy Music, Crime Jazz 등

서부 영화 음악의 상징, 스파게티 웨스턴 '스파게티 웨스턴(Spaghetti Western)'은 1960~70년대 이탈리아에서 제작된 서부극 영화 특유의 음악 스타일입니다. 하모니카, 일렉트릭 기타, 트럼펫 등의 악기와 함께 휘파람, 채찍 소리, 동물 울음 소리 등의 효과음들이 사용되며, 강렬하면서도 서정적인 멜로디가 서부의 황량하고 쓸쓸한 분위기를 잘 표현합니다.

같은 서부 시대를 배경으로 하지만, 스파게티 웨스턴과 미국 할리우드의 서부극은 완전히 다른 음악 스타일을 보여줍니다. 할리우드 서부극 음악은 클래식 오케스트라를 기반으로 미국의 개척 정신과 정의, 영웅적 서사에 어울리는 힘차고 장엄한 분위기를 주로 지니는 반면, 스파게티 웨스턴은 독특하고 실험적인 편곡, 그리고 반항적이고 비극적인 정서로 결투나 복수, 고독, 황무지 등을 묘사할 때에 자주 활용됩니다. 따라서 '황야의 무법자' 스타일의 영화 음악을 생성하고 싶다면 전통 서부극이 아닌 스파게티 웨스턴 장르를 선택하는 것이 적합합니다.

> 관련 태그 Spaghetti Western, Ennio Morricone 등

🎵 액션 영화 음악 태그 목록

타입 설정하기

~ Film Score / Score / Movie Soundtrack / Soundtrack
Blockbuster Action(액션), Action Comedy(액션 코미디), Action Thriller(액션 스릴러), Crime Thriller(범죄 스릴러), Spy(스파이), Disaster(재난), Noir(누아르), Suspense(서스펜스), Spaghetti Western(스파게티 웨스턴), Western Movie(서부 영화), Old Western(고전 서부 영화)

테마 설정하기

	Theme of / About / Scene of ~
액션 테마	Undercover Operation(잠입 작전) Double Cross(이중 첩보) Hostage Situation(인질 상황) City Chase(도시 추격전) Jungle Chase(정글 추격전) Secret Mission(비밀 임무) Disaster Strikes(재난 발생) Survival Against All Odds(모든 역경을 넘는 생존) Tense Standoff(긴장된 대치) Gang War(폭력 조직 전쟁) Spy Ring(첩보 네트워크) High-stakes Gamble(고위험 도박) Secret Agent on the Run(도망 중인 비밀 요원) Black Site Escape(비밀 감옥 탈출) Criminal Underworld(범죄 지하 세계) Time Running Out(타임 아웃)
서부 테마	Wilderness Survival(황야에서의 생존) Revenge of the Outlaw(무법자의 복수) Sieged City(포위된 도시) The Lone Sheriff(고독한 보안관) Fatal Showdown(치명적인 대결) Duel at Dusk(황혼의 결투) Abandoned Town(버려진 마을) Last Gunshot(마지막 총성) War on the Rails(철길 위의 전쟁) Cowboy(카우보이)

스타일 설정하기

	In the Style of / Inspired by ~
대표 아티스트	Ennio Morricone(엔리오 모리꼬네)
대표 작품 (액션)	Kill Bill, Quentin Tarantino(킬빌, 타란티노), Pink Panthers(핑크 팬더), 007, James Bond Theme(007, 제임스본드 테마), Pulp Fiction(펄프 픽션), Mission Imposible(미션 임파서블), Hawaii Five-O(50수사대), Jason Bourne(제이슨 본), Kingsman(킹스맨), Mad Max(매드 맥스)
대표 작품 (서부)	The Good, the Bad and the Ugly(석양의 무법자) A Fistful of Dollars(황야의 무법자), For a Few Dollars More(석양의 건맨)

음악 장르 설정하기

Music Genre	
스파이/액션	스파게티 웨스턴
Surt Rock(서프 록) Instrumental Surf(서프 연주곡) Spy Music(스파이 음악) Crime Jazz(크라임 재즈) Thrash Metal(스래시 메탈) Speed Metal(스피드 메탈) Thrash Speed Metal(스래시 스피드 메탈) Power Metal(파워 메탈) Symphonic Rock(심포닉 락) Symphonic Metal(심포닉 메탈) Orchestral Pop(오케스트라 팝) Orchestral Rock(오케스트라 록)	Spaghetti Western(스파게티 웨스턴) Cinematic Classical(시네마틱 클래식)

분위기 설정하기

Mood		
Accelerando(점점 빠르게)	**Energetic**(에너지 넘치는)	**Psychedelic**(환각적인)
Aggressive(공격적인)	Epic(서사적인)	Punky(펑키한)
Ambient(분위기 있는)	Exciting(흥미진진한)	Quirky(엉뚱한)
Anthemic(고조된)	Futuristic(미래적인)	**Rebellious**(반항적인)
Anxious(불안한)	Gloomy(우울한)	Repetitive(반복적인)
Atmospheric(분위기 있는)	Introspective(내성적인)	Sensual(관능적인)
Bittersweet(달콤씁쓸한)	Intense(강렬한)	Slow(느린)
Chase(추격하는)	Lonely(외로운)	Sombre(침울한)
Crescendo(점점 세게)	Lush(풍성한)	**Suspenseful**
Dark(어두운)	Mysterious(신비로운)	(긴장감 넘치는)
Dense(자욱한)	**Ominous**(불길한)	**Tense**(긴장된)
Dangerous(위험한)	Passionate(열정적인)	**Thriller**(스릴 있는)
Dramatic(극적인)	Pastoral(목가적인)	Urgent(긴급한)
Dynamic(역동적인)	Playful(장난기 있는)	Uplifting(기분 좋은)
		Urban(도시적인)
		Wild(자유분방한)

악기 추가하기

악기 종류
Surf Guitar(서프 기타), Saxophone(섹소폰), Harmonica(하모니카) Acoustic Guitar(어쿠스틱 기타), Whistle(휘파람), Percussion(퍼커션), Big Band(재즈 빅밴드)

액션/스파이 영화 음악 생성 프롬프트 예시

007 스타일의 스파이 영화 음악 음악 감상하기

> **프롬프트** Spy Movie Soundtrack, 007, Theme Of Secret Mission, James Bond Theme, Spy Music, Crime Jazz, Instrumental Surf, Thriller, Suspenseful, Ominous, Tense, Passionate, Energetic
>
> 스파이 영화 사운드트랙, 007, 핑크 팬더에서 영감을 받은, 크라임 재즈, 서프 연주곡, 스릴러, 긴장감 넘치는, 불길한, 긴박한, 열정적인, 에너지 넘치는

- **Spy Music:** 첩보 영화에 등장하는 음악 스타일로, 시네마틱 클래식을 기반으로 한 날카로운 트럼펫 연주와 서프 기타 소리가 특징입니다. 이 외에도 재즈, 팝, 록, 일렉트로닉 등 다양한 장르적 요소가 혼합되어, 스파이의 은밀하고 스타일리시한 액션을 효과적으로 표현합니다.

- **Crime Jazz:** 범죄 수사물에 등장하는 음악 스타일입니다. 스파이 음악과 유사하지만, 재즈 빅밴드 중심의 악기 편성, 즉흥적이고 불규칙한 리듬 패턴, 긴장된 분위기의 색소폰과 비브라폰 사운드 등 재즈의 요소가 더욱 도드라집니다.

- **Instrumental Surf:** 서프 기타 연주를 중심으로 한 인스트루멘탈 음악입니다. 서프 기타는 007 제임스 본드 테마의 핵심이 되는 사운드로, 'Surf Guitar(서프 기타)' 태그로도 대체할 수 있습니다.

펄프픽션 스타일의 액션 코미디 영화 음악

음악 감상하기

> **프롬프트** Action Comedy Film Score, About a Secret Agent on The Run, Pulp Fiction Film Score, Surf Rock, Thrash Speed Metal, Energetic, Passionate, Playful, Repetitive, Quirky, Swing
>
> 액션 코미디 영화 음악, 도망 중인 비밀 요원, 펄프 픽션 영화 음악, 서프 록, 스래시 스피드 메탈, 에너지 넘치는, 열정적인, 장난기 있는, 반복적인, 엉뚱한, 스윙

- **Surf Rock:** 서프 록은 액션 영화의 리듬감과 타격감을 강조하기에 효과적인 장르입니다. 따라서 액션 영화 음악을 생성할 때는 클래식 계열로만 구성된 프롬프트보다는 팝, 록, 메탈, 전자 음악 등의 다양한 장르를 함께 조합하는 것이 좋습니다. 또는 시네마틱 클래식을 생략하고 오케스트라 팝, 오케스트라 록, 심포닉 록, 심포닉 메탈 등 오케스트라를 기반으로 한 대중음악 장르를 활용하는 방법도 고려할 수 있습니다.

- **Thrash Speed Metal:** '스래시 스피드 메탈(Thrash Speed Metal)'은 헤비메탈의 하위 장르로, 일반적인 록이나 메탈보다 훨씬 빠른 160~220BPM의 템포와 거칠고 공격적인 분위기가 특징입니다. 서프 록과 함께 조합하면 음악의 전체 속도감과 서프 기타 연주가 더 빠르고 강렬하게 표현됩니다.

- **Repetitive:** 서프 음악에 해당 태그를 함께 사용하면, 서프 기타 테마가 반복되는 구조의 인상적인 음악을 생성할 수 있습니다.

> **TIP** 음악의 전체적인 템포를 올리는 방법
>
> 1. 템포 관련 태그: Fast Tempo(빠른 템포), High Tempo(높은 템포), Driving Rhythm(달리는 듯한 리듬), Upbeat(경쾌하고 빠른) 등 음악의 빠르기와 관련된 태그를 입력합니다. 단, 구체적인 BPM 숫자는 지정할 수 없습니다.
> 2. 빠른 템포의 장르 조합: 음악의 메인 장르와 유사한 스타일 중 빠른 템포를 가진 장르를 조합합니다. 이 방법을 사용하면 장르 특성을 활용해 음악의 빠르기에 더해 분위기, 에너지도 함께 조절할 수 있습니다.

스파게티 웨스턴 영화 음악

> **프롬프트** Spaghetti Western, Old Western Movie Soundtrack, A Fistful of Dollars, Wild, Dense, Tense, Epic, Lush, Sombre, Sentimental, Suspenseful, Lonely, Cowboy, Whistle, Surf Guitar, Ennio Morricone, Score, Instrumental, 1960s
>
> 스파게티 웨스턴, 고전 서부 영화 음악 사운드트랙, 황야의 무법자, 자유분방한, 자욱한, 긴장된, 서사적인, 풍부한, 침울한, 감성적인, 긴장감 넘치는, 외로운, 카우보이, 휘파람, 서프기타, 엔니오 모리꼬네, 영화 음악, 인스트루멘탈, 1960년대

- **Ennio Morricone:** 이탈리아의 전설적인 작곡가로 휘파람, 하모니카, 일렉트릭 기타 등 독창적인 편곡을 통해 스파게티 웨스턴 특유의 상징적인 음악 스타일을 창조한 인물입니다. '황야의 무법자', '석양의 무법자'와 같은 서부 영화는 물론 '시네마 천국', '미션', '원스 어폰 어 타임 인 아메리카' 등 수많은 명작 영화 음악을 탄생시키며 전 세계 영화 팬들의 마음을 사로잡았습니다.

- **1960s:** 프롬프트에 특정 시대를 입력하면 해당 시기에 유행했던 음악적 특징과 감성을 반영할 수 있습니다. 예를 들어, 스파게티 웨스턴은 1960년대에 가장 성행했으며, '너바나', '오아시스' 스타일의 얼터너티브 록은 1990년대, '비욘세', '레이디 가가' 스타일의 댄스 팝은 2000년대를 대표합니다. 또한 축음기 또는 오래된 라디오에서 흘러나오는 듯한 빈티지한 질감의 사운드라면 1920~1930년대가 적합할 것입니다. 이렇듯 시대마다 음향 기술, 사운드 트렌드, 프로덕션 방식이 전부 다르므로, 연도 태그를 활용하면 원하는 음악적 색깔과 개성을 구현하는 데 도움이 됩니다.

LESSON 04
사이코 스타일의 공포/스릴러 영화 음악 만들기

영화 '사이코'의 음악처럼 <u>으스스한 분위기와 소름 끼치는 효과음</u>, 어떻게 연출할 수 있을까요? 시네마틱 클래식과 앰비언트 음악을 활용한 공포 영화 음악을 만들어 보겠습니다.

🎵 공포 영화 음악의 특징

어두운 분위기의 단조 공포 영화 음악은 대부분 단조(Minor Key)로 구성합니다. 단조는 장조(Major Key)에 비해 어둡고 우울한 정서를 지니기 때문에 슬픔, 외로움, 공포, 불길함과 같은 부정적인 감정을 직접적으로 자극합니다. 또한 단조는 화성학적으로 불안정한 특성이 있어 공포 영화 음악에서 나타나는 이질적인 코드 진행과 불협화음을 자연스럽게 수용하며, 이는 관객의 심리적 긴장과 불쾌감을 유발하는 데 효과적입니다.

> **관련 태그** Minor Key

다양한 효과음을 활용한 앰비언트 음악 '앰비언트 음악(Ambient Music)'은 멜로디와 화성, 리듬을 강조하는 일반적인 음악과 달리, 공간감과 분위기, 음향의 질감을 전달합니다. 공포 영화에서는 특히 '다크 앰비언트(Dark Ambient)' 음악을 자주 활용하며, 이는 불길하고 음산한 분위기를 바탕으로 노이즈, 글리치, 드론 사운드 등의 섬뜩한 음향이 특징입니다.

한 걸음 더 나아가 공포 영화에서는 오르골 소리, 숨소리, 바람 소리, 유령 소리, 심장 박동 소리 등 다양한 효과음을 추가해 긴장감과 불안감을 더욱 극대화합니다. 이렇게 조성된 앰비언트 사운드는 영화의 시각적 요소와 유기적으로 결합되어 공포감을 입체적으로 구현하며, 관객의 몰입을 강화하는 중요한 역할을 합니다.

> **관련 태그** Dark Ambient, Music Box, Howling Wind, Light Flicker 등

소름 끼치는 스트링, 긴장감 넘치는 퍼커션 공포 영화의 시네마틱 클래식에서는 스트링과 퍼커션이 핵심 역할을 담당합니다. 먼저 스트링 악기는 넓은 음역을 바탕으로 비명을 연상시키는 날카롭고 소름 끼치는 고음을 연주합니다. 여기에 글리산도나 트레몰로 같은 기본 주법은 물론 스크래핑이나 오버프레셔, 콜레뇨 등 특수한 주법까지 더하면 더욱 기괴하고 섬뜩한 소리를 연출할 수 있습니다.

퍼커션 또한 극도의 긴장감과 박진감을 표현하는 강력한 수단입니다. 인물의 움직임을 따라 점차 가속되는 드럼 비트는 마치 관객의 심박수까지 끌어올리는 듯한 착각을 불러일으킵니다. 위기의 순간 찾아온 갑작스러운 정적은 숨이 멎을 듯한 긴장감을 극대화하며, 뒤이어 터지는 강렬한 심벌즈 소리는 관객들을 깜짝 놀라게 만듭니다. 이처럼 급격한 볼륨 변화와 예측 불가능한 타이밍은 공포 영화 음악의 대표적인 특징입니다.

> **관련 태그** Creepy Strings, Chase Percussion 등

🎵 공포 영화 음악 태그 목록

타입 설정하기

~ Film Score / Score / Movie Soundtrack / Soundtrack

Horro(공포), Slasher(살인마), Monster Horror(괴물 공포), Occult(오컬트), Zombie(좀비), Gothic Horror(고딕 공포), J-horror(일본 호러)

테마 설정하기

Theme of / About / Scene of ~

Serial Killers(연쇄 살인마)
Grisly Murders(잔혹한 살인)
A Masked Killer Stalking Victims(마스크 살인마의 추격)
Cannibalistic Communities(식인 공동체)
Mind Games(심리 게임)
Undead Attacks(언데드의 공격)
Terrifying Monsters(끔찍한 괴물)
Dark Magic and Rituals(어두운 마법과 의식)
Satanic Rituals(사탄 의식)
Pagan Rituals(이교도 의식)
Witchcraft and Forbidden Magic(금지된 마법)
Curses and Vengeful Spirits(저주와 원혼)
Spooky Apparitions(유령 출현)
Ghosts and Demons(유령과 악마)
Creepy Mansions(으스스한 저택)
Ancient Curses and Family Secrets(저주와 집안의 비밀)
The Thing in the Basement(지하실 속의 그것)
Flickering Lights(깜빡이는 빛)
A Hidden Rooms(숨겨진 방)
Childlike Fear(어린아이의 공포)
Sinister Lullabies(불길한 자장가)
Cursed Electronics and Malfunctioning Devices(저주받은 전자기기)
Possessed Dolls(빙의된 인형)
Abandoned Asylums and Hospitals(버려진 정신병원)
Doppelgangers(도플갱어)

스타일 설정하기

In the Style of / Inspired by ~	
대표 작품	Psycho(사이코), Halloween(할로윈), the Exorcist(엑소시스트), Jaws(죠스), Dead Silence(데드 사일런스), Insidious(인시디어스), The Nightmare Before Christmas(크리스마스의 악몽)

음악 장르 설정하기

Music Genre	
시네마틱 클래식	다크 앰비언트
Cinematic Classical(시네마틱 클래식) Western Classical Music(서양 클래식) Modern Classical(모던 클래식) Classical Music(클래식 음악) Chamber Music(소규모 실내악) Orchestral(오케스트라) Symphonic(교향악)	Dark Ambient(다크 앰비언트) Drone(드론) Drone Metal(드론 메탈) Industrial & Noise(인더스트리얼 앤 노이즈) Post-Industrial(포스트 인더스트리얼) Postminimalism(포스트 미니멀리즘) Lullaby(자장가)

보이스 설정하기

Voice
Ghost Sigh(유령의 한숨), Ghost Whisper(유령의 속삭임), Witch Sigh(마녀의 한숨), Witch Whisper(마녀의 속삭임)

> **TIP** 위의 보이스 태그를 사용하려면 가사가 필요합니다. 이때, 프롬프트에 입력한 보이스 태그를 [Ghost Sigh], [Witch Whisper]와 같이 메타 태그로 한 번 더 입력하면 태그의 영향력이 강화됩니다. 참고로 Ghost Sigh와 Ghost Whisper를 입력하면 남성 유령의 목소리가, Witch Sigh와 Witch Whisper를 입력하면 여성 마녀의 목소리가 생성됩니다.

분위기 설정하기

Mood		
Aggressive(공격적인) Anxious(불안한) Atmospheric(분위기 있는) Avant-garde(아방가르드) Calm(차분한) Cinematic(시네마틱) Creepy(으스스한) Cryptic(수수께끼 같은) Dense(자욱한) Dark(어두운) Dungeon Ambient (던전 앰비언트)	Epic(서사적인) Experimental(실험적인) Glitch(글리치한) Hypnotic(최면을 일으키는) Infernal(지옥 같은) Lonely(외로운) Metallic(금속성의) Mysterious(신비로운) Nocturnal(야행성의) Ominous(불길한) Passionate(열정적인) Psychedelic(환각적인)	Repetitive(반복적인) Rhythmic(리드미컬한) Ritual(의식적인) Scary(무서운) Sparse(희박한) Spiritual(영적인) Surreal(초현실적인) Suspenseful (긴장감 넘치는) Tense(긴장된) Thriller(스릴러) Urgent(긴박한) Urban(도시적인)

사운드 효과 추가하기

Sound Effect
Light Flicker(불빛 깜빡임), Howling Wind(울부짖는 바람), Ghostly Wind(유령 바람), Music Box(오르골), Creepy Strings(으스스한 현악기)

🎵 공포/스릴러 영화 음악 생성 프롬프트 예시

오르골 소리를 활용한 공포 영화 음악

> **프롬프트** Minor Key, Music Box, Lullaby, The Nightmare before Christmas, Ominous, Nocturnal, Calm, Dead Silence Film Score
>
> 단조, 뮤직 박스(오르골), 자장가, 크리마스의 악몽, 불안한, 야행의, 차분한, 데드 사일런스 영화 음악

- **Minor Key:** 대부분의 공포 영화 음악에는 단조(Minor Key)를 사용합니다. 오르골이나 자장가처럼 멜로디가 있는 경우 입력합니다.

- **Music Box:** 오르골 소리는 공포 영화에서 자주 사용되는 효과음입니다. 차가운 금속성의 맑은 음색으로 원래는 동화나 어린 시절의 순수한 기억과 연결되지만, 공포 영화에서는 약간의 불협화음과 변형을 통해 오싹한 분위기를 만들어 냅니다.

- **Lullaby:** 자장가는 종종 오컬트 영화에서 왜곡되거나 뒤틀린 형태로 등장해 불안감과 공포를 유발합니다. Music Box 태그와 함께 조합하면 효과적입니다.

다크 앰비언트 스타일의 영화 음악

> **프롬프트** Horror Movie Soundtrack, Howling Wind, Light Flicker, Drone, Creepy, Suspenseful, Mysterious, Dense, Anxious, Calm, Glitch
>
> 공포 영화 사운드 트랙, 울부짖는 바람, 깜빡이는 불빛, 드론, 으스스한, 긴장감 넘치는, 신비로운, 자욱한, 불안한, 차분한, 글리치

- **Light Flicker:** 오래된 형광등이 깜빡일 때 나는 전기 소리를 표현하는 태그입니다. 어둠 속에서 언제 꺼질지 모르는 불빛의 점멸이 공포심을 자극합니다.

- **Drone:** 일정하고 지속적으로 길게 울리는 저음 중심의 사운드입니다. 앰비언트 음악이나 실험적인 전자 음악에서 주로 활용하며, 공포 영화에서는 공기 중의 긴장감이나 보이지 않는 존재의 기척을 표현할 때 자주 사용합니다.
- **Glitch:** 디지털 신호의 오류나 왜곡으로 발생하는 끊김 현상을 재현한 효과음입니다. Light Flicker의 '지직'거리는 전기 소음을 더욱 선명하게 표현합니다.

> **TIP** 추가로 Industrial 태그를 더할 수도 있습니다. '인더스트리얼(Industrial)' 음악은 기계, 금속, 전기 등에서 발생하는 공업 소음을 음악적으로 활용한 장르입니다. 거칠고 날카로운 기계음과 금속음, 강한 노이즈 등이 결합되어 파괴적, 폭력적, 디스토피아적인 분위기를 효과적으로 연출합니다.

사이코 스타일의 공포 영화 음악 작성 예시

프롬프트 Horror Movie Soundtrack, About a Killer Stalking Victims, Cinematic Classical, Western Classical Music, Thriller, Suspenseful, Aggressive, Dark Ambient, Creepy Strings, Urgent, Tense, Ominous, Anxious, Sparse, Cold, Dark, Nocturnal, Epic, Psychedelic, Repetitive, Rhythmic

공포 영화 사운드트랙, 희생자를 쫓는 살인마, 시네마틱 클래식, 서양식 클래식, 스릴러, 긴장감 넘치는, 공격적인, 다크 앰비언트, 으스스한 스트링, 긴박한, 자욱한, 불길한, 불안한, 희박한, 차가운, 어두운, 야행의, 서사적인, 환각적인, 반복적인, 리드미컬한

- **Thriller:** '스릴러(Thriller)'와 Creepy Strings(으스스한 스트링)'를 조합하면 슬래셔 무비에 등장하는 긴박하고 소름끼치는 스트링 사운드를 생성할 수 있습니다.
- **Dark Ambient:** 시네마틱 클래식에 다크 앰비언트 음악을 함께 조합하면, 앰비언트 음악의 입체적인 공간감이 더해져 더욱 음산하고 실감나는 분위기의 음악이 생성됩니다.

MEMO